My Way,
My Coffee
나의 길,
나의 커피

커피인
안명규 이야기

어느 커피인,
커피 작업자의 고백

커피를 내리는 모습이 나와 가장 잘 어울린다는 말을 종종
듣는다. 어떤 날은 진지하게, 또 어떤 날은 편안하게,
가끔은 긴장감 속에서 커피를 내리지만 항상 바에 들어서는
내 마음가짐은 한결 같다. 바로 '무대에 오른다'는 각오다.
내가 커피를 내리는 그곳이 바로 내가 서야할 무대라고 여긴다.

어떤 이들은 나를 두고 이미 성공했다고 표현하기도 하지만,
나는 하루도 마음이 편한 적이 없다. 일이 잘 안풀려서가 아니라
욕심이 많아서인 것 같다. 내가 보내는 시간이 지난날 그토록
꿈꾸던 그림 안에 있는지 종종 의문이 들기도 한다. 스스로를
'커피 작업자'라고 부르면서도, 그 작업에 시간을 충분히 쏟고
있지 않다는 판단이 두려움을 부추기는 것이다.

돌아보면 커피와 만난 지 어느덧 45년이 되었다. 유년시절,
우리 가족은 철도청 공무원이셨던 아버지를 따라 경주의
철도청 관사에서 살았다. 그곳에는 다른 곳보다 빨리 고요와
어둠이 깔렸다. 저녁식사를 마치고 나면 하루 일과도
끝이 나고, 관사 안의 모두는 일찌감치 잠에 빠졌다.
그래서인지 나는 아직도 초저녁잠이 많다. 하지만 중학생이
되어 본격적으로 수험 공부를 시작하면서, 나는 밤에도 깨어
공부를 해야했다. 그때 졸음을 떨치기 위해 찾았던 것이
커피와의 첫 만남이다.

대구로 유학을 간 형이 머물던 하숙집 주인에게 재일교포
친척이 있었는데, 일본에서 건너왔다는 두꺼운 유리병 안에 든
낯선 가루가 바로 내가 처음 본 커피였다. 그리고 주인집 누나가

맛보라며 건네준 한 잔. 커피, 설탕, 프림이 황금비율로 섞인
그 한 잔은 놀라운 신세계였다. 게다가 이 멋진 음료가 잠까지
쫓아준다니. 나는 용돈을 탈탈 털어 커피 한 병을 사서 집으로
가져갔고, 커피병에 적힌 몇 가지 음용방법 중에서 커피와
설탕만을 넣은 아이스커피를 매일 저녁 만들어 먹기 시작했다.
지금 생각하면 커피 맛도 제대로 모르면서 커피를 마시는
자신에게 도취되어 있던 그때의 내가 퍽 귀엽게 느껴진다.

갓 시작된 사춘기의 에너지는 커피를 만나면서 외부가 아닌
스스로의 내면으로 향했다. 사색과 상상을 즐기던 고등학생
시절, 내 아지트는 교내 도서관이었다. 거의 매일 도서관을 찾는
내가 기특했던지, 어느날 사서 선생님께서 조용히 커피 한 잔을
건네 주셨다. 예쁜 커피잔에 담긴 까만 커피. 그 커피는 이제까지
내가 마시던 커피와는 또 다른 세상이었다. 지금도 생생하다.
사서 선생님이 나에게 다가오시던 순간 훅 끼쳐오던 커피 향과
한 모금 삼킨 후에도 입에 남아있던 커피의 맛. 그날 나는
커피와 다시 만났다.

원하던 대학에 떨어지고 도피하듯 군대를 다녀온 뒤, 내가
선택한 사회생활은 당연히도 커피였다. 내가 좋아하고 잘할
수 있다고 생각했다. 하지만 내가 즐기던 커피와 일로 만난
커피는 너무도 달랐다. 졸음을 쫓아주고, 새로운 기운을
불어넣어 주고, 사색을 함께하는 친구가 되어주었던 커피는
분명 달콤하고 고소했는데, 손님들 앞에서는 그저 쓰기만 했다.
커피에 대한 준비가 되어있지 않은 상태였으니, 나의 불안이
고객의 눈치를 보는 것으로 이어진 당연한 결과였다.

86서울아시안게임과 88서울올림픽을 앞두고 있던 시절이었다.
TV에는 당대 최고의 연예인들이 출연한 커피 광고들이
등장했다. 드라마에서는 바다를 바라보며 커피를 마시는 남녀
주인공의 모습이 사랑이 깊어지는 중요한 장면을 채웠다.
멋진 공간에서 즐기는 커피는 풍요의 상징이었고,
동경의 대상이던 서구문화에 대한 환상을 심어주었다.

'저게 바로 커피의 힘이구나.'

나는 그때 깨달았다. 커피에는 힘이 있다. 생명이 있는
커피, 느낌이 있는 커피, 그리고 무엇보다 맛있는 커피를
만들면 그 속에는 분명 사람들을 감동시킬 힘이 있을 거라는
믿음이 생겼다. 그러자 커피를 알아야겠다는 배움의 열망이
피어올랐다. 대한민국에서 커피를 제일 잘 아는 사람은
누구인지, 그 사람이 만드는 커피는 어떤 맛인지 궁금했다.
제대로 배워서 제대로 된 커피를 만들고 싶었다. 그때 나는
비로소 커피와 사랑에 빠진 것이 아닐까.

이 책은 그렇게 커피와 사랑에 빠진 내가 어떻게 커피를 배우고,
익히고, 전하며 살아왔는지를 담은 기록이다. 커피에 대한
애정과 믿음으로 보내온 세월에는 무엇보다 커피를 잘 알고 싶고
잘 하고 싶었던 욕심과 열정이 담겨 있다. 나와 같이 커피를
사랑해서 공부와 노력을 주저하지 않는 이들에게 이 책이 작은
도움이 되길 바란다.

커피는 정직하다. 커피는 쉽게 편집되지 않고 타협을 모르며

완벽한 재현을 약속하지 않는다. 그럼에도 늘 우리 곁에 있으면서 위로가 되어준다. 그렇기에 커피 작업자는 커피가 스스로를 표현하도록 문을 열어주어야 한다. 따뜻한 마음을 가진 이는 따뜻한 커피를, 밝은 마음을 가진 이는 밝은 커피를 만든다. 어떤 이는 커피에 사랑을 담고, 또 다른 이는 커피에 기쁨을 담아낸다. 때로는 말없는 커피, 심지어 아무 맛도 없는 커피도 그 자체로 의미를 담고 있다고 나는 믿는다.

초보자에게도, 수년간의 경험자에게도 똑같이 엄격하며 도전의식을 불러일으키는 존재. 물보다 맛있는 커피를 만드는 일이 얼마나 어려운지를 깨달을 때마다 커피는 나에게 그리움의 대상이 된다. 그러니 앞으로도 나는 커피 앞에서 진실로 진심일 수밖에 없으리라.

목차

① 5천 원을 내도 아깝지 않은 커피를 위하여 1988년   26

② 커피명가, 첫 불을 밝히다 1990년   30

③ 일본에서 찾은 커피의 멋, '카페 드 람브르' 1992년   34

④ "신이 감동할 커피를 만들어라." 로스팅 머신과 페어링 1992년   38

⑤ 책 속의 거장 '가라사와 가쓰오'를 만나다 1993년   42

⑥ 동성로 매장을 리뉴얼하며 1994년   46

⑦ 좋아하는 일을 하는 순간엔 슈퍼맨이 된다 1995년   52

⑧ 지리산에서의 새해다짐과 한국커피문화협회 1996년   56

⑨ 커피백은 터졌지만 자신감은 차올랐다 1996년   60

⑩ 예상치 못한 순간, 뜻밖의 커피를 만나다 1996년   64

⑪ 커피명가, IMF를 맞닥뜨리다 1997년   68

⑫ '다방 종업원'이라는 사람들의 인식을 깨자 1998년   70

⑬ 인스턴트 커피 VS 원두커피 1999년   76

⑭ '물 없이 먹는 커피' 특허출원과 이대 앞 스타벅스 1999년   78

⑮ 또 다른 선구자, '호리구치 토시히데'의 내한 2000년   80

⑯ 친구들과 찾은 밀라노 식품전시회(TUTTOFOOD) 2000년   82

⑰ 한국 커피의 춘추전국시대가 열리다 2001년 · 88

⑱ 에스프레소 명인 강원식 바리스타를 기리며 2001년 · 90

⑲ 스페셜티커피박람회(SCAA)에서의 '리셋' 2001년 · 92

⑳ 천 개 같은 하나의 매장, 스타벅스에 대항하기 위하여 2002년 · 96

㉑ 커피명가, 축구에 지다 2002년 · 100

㉒ 인도네시아 농장에서 첫 커핑 2002년 · 102

㉓ 다이렉트 트레이딩, 커피백에 '커피명가'를 새기다 2003년 · 106

㉔ 한국 커피 시장에 불꽃이 터지다 2003년 · 112

㉕ 유럽으로 떠난 커피투어 2004년 · 114

㉖ 꿈 한 잔, 사라지지 않는 카페 되기 2004년 · 116

㉗ 운명의 농장을 찾아서 1: 코스타리카 2004년 · 120

㉘ 운명의 농장을 찾아서 2: 콜롬비아 2005년 · 124

㉙ 운명의 농장을 찾아서 3: 과테말라 2005년 · 128

㉚ 마음의 고향, 커피의 발상지 에티오피아에 가다 2007년 · 132

㉛ 인스턴트 커피 광고의 모델이 되다 2008년 · 140

㉜ 한국스페셜티커피협회(SCAK) 초대 회장 취임 2009년 · 144

㉝ '커피 속의 안명규'가 되리라 2010년   152

㉞ 전 세계 스페셜티 커피씬의 리더, '테드 링글' 초청 2010년   158

㉟ 커피명가 20주년. 한결 같은 어머니의 믿음 2010년   160

㊱ 월드 바리스타 챔피언 '알레한드로 멘데즈'의 방문 2011년   164

㊲ 다시 나의 자리로 2012년   168

㊳ 카페의 사회적 역할을 고민한 커피명가 '라핀카'점 2013년   172

㊴ 주전자와의 교감 2013년   174

㊵ 카페의 가장 훌륭한 장식은 손님의 멋진 태도 2013년   176

㊶ 꿈틀대는 아시아 스페셜티 커피씬 2014년   180

㊷ 새로운 농장 파트너를 찾아 우간다로 2015년   182

㊸ 킬리만자로, 나의 버킷리스트 2015년   186

㊹ 인헤르토 농장에서 찾은 나의 몫 2017년   190

㊺ 커피명가의 파트너, 인헤르토 농장의 아뚜루 2018년   192

㊻ 우간다의 커피인, 그의 한 순간 2019년   196

㊼ 한국 커피와 일본 커피 2020년   200

㊽ 커피명가 30주년, 새로운 버킷리스트 2020년   202

㊴ 코로나를 딛고, 힘내라, 커피명가! 2020년 206

㊾ 늘 꿈꾸던 카페, '커피명가 본' 2021년 214

㊿ '나의 커피'에서 '우리의 커피'로 2023년 218

㊾ 비로소 깨달은 신이 주신 선물 2023년 220

커피 선후배의 대화록 231

① | 5천 원을 내도 아깝지 않을
　　 커피를 위하여

1988년

1988년 11월, 진짜 커피를 파는 일을 시작했다.
고등학교 시절, 말썽만 부리던 나를 붙들어 바른 삶을 살도록
도움을 주신 은사님 덕분이었다. 당시 은사님은 경주의 조용한
곳에 건물을 하나 지으셨는데, 그곳에 카페를 만들고 싶다며
졸업한 제자들을 모아놓고 "누가 이곳에서 커피를 해보겠냐"고
물으셨다. 나는 잠시의 망설임 없이 나섰고, 은사님은
예견하셨다는 듯 흔쾌히 동의하셨다. 당시만 해도 최고급
호텔에서나 볼 수 있었던 샹들리에가 빛나는 세련된 공간.
그 카페를 나에게 맡기며 은사님은 특명을 하나 내리셨다.
바로 커피값으로 무조건 5천 원을 받으라는 것.
그때 도심의 카페 커피 가격은 500원, 특급 호텔도 천 원
정도였는데 무려 5천 원이라니. 나는 필사적으로 노력했다.
어떻게든 커피 관련 책을 구해 공부하는 것은 물론이고, 물이
중요하다는 생각에 매일 새벽 토함산에 올라 물을 길어오고,
카페 구석구석 심지어 소파 아래 바닥까지도 깨끗이 청소했다.
손님이 있거나 없거나 늘 손님 맞을 준비를 하며 스스로에게도
엄격했다.
5천 원을 내고도 아깝지 않을 커피를 위해서는 모든 면에서
완벽해야 한다고 생각했다. 그리고 그 즈음, 나는 커피를 직접
볶아야겠다는 생각을 하기 시작했다. 하지만 로스팅을 위한
공부나 투자를 하기엔 현실적 제약이 큰 상황이었다.
결국 1년이 넘도록 나는 5천 원의 가치를 지닌 커피를 만들지
못했다.

은사님과 주변 사람들은 묵묵히 나를 기다려주었지만,
1989년 12월 나는 스스로 포기를 선택하고 말았다.
수치심과 자괴감, 실패의 쓴맛을 느끼며 충동적으로 올라탄
기차는 부산으로 향했다. 그렇게 찾아간 부산의 카페 '가비방'과
그곳에서 주문한 '모카'는 내게 새로운 깨달음을 줬다. 가만히
눈을 감으면 입 안에서 커피향이 살아나고, 나도 모르게 미소가
지어졌다.
눈을 뜨면 사람들의 얼굴에는 즐거움과 행복이 보였고, 내
마음도 편안해졌다. 그제야 알았다. 내가 놓치고 있던 커피의
매력, 커피가 주는 편안함을.
그리고 커피값 5천 원을 받으라던 은사님의 말씀은 커피의
본질에 대해 고민해 보라는 가르침이었다는 것도.
나는 비로소 목표를 가지게 되었다. 사람을 편안하게 해주는
커피, 사람이 돋보이는 커피를 만들겠노라고.

② | 커피명가, 첫 불을 밝히다   1990년

커피에 대한 새로운 생각과 목표를 분명히 한 뒤,
1990년의 첫날을 지리산 천왕봉에서 맞이했다.
그리고 1박 2일의 짧은 산행 동안 창업 결심을 굳혔다.
이름은 '커피명가(明家)'로 정했다. 장소와 규모, 오픈 시기,
콘셉트까지 구상을 마쳤다. 부모님께서 '세상을 밝게 비추라'고
지어주신 나의 이름처럼, 커피로 세상을 맑고 밝게 만드는 데
이바지하겠다는 신념을 담았다.
의지는 확고했으나 현실은 녹록지 않았다. 아무것도 가진 것
없던 내게 은행대출은 불가능했고, 외삼촌과 전 직장 사장님
두 분의 도움으로 겨우 첫 발을 뗄 수 있었다.
젊은 영혼들과 성장하며 교감하고 싶어 대학가 근처에 자리를
잡았다. 인테리어는 고등학교 시절 같이 산을 타며 우정을
쌓았던 친구들의 도움으로 해낼 수 있었다.
전체적으로 모던하면서도 클래식한 분위기로 꾸몄고, 특히
화장실에 공을 들였다.
실내에 제법 큼직한 연못을 만들어 청량감을 더했다.
커피를 만드는 바는 오픈형으로 설계해 손님들이 커피 내리는
과정을 직접 볼 수 있게 했다. 영업시간은 오전 9시에서 밤
10시까지로 정했다.
매일 아침 8시 50분이 되면 나를 위한 한 잔의 커피를 만들어
마시며 커피의 상태와 커피에 영향을 미치는 공간의 온도,
습도를 읽은 뒤 비장하고 담대한 하루의 시작을 알리는
알비노니의 아다지오를 들으며 오전 8시 58분에 가게 문을

열었다. 커피값은 주변 매장보다 2배가 비싼 천 원으로 정하고,
마음 속으로는 '3천 원의 가치를 내놓자'고 다짐하며 기본기를
다졌다. 내가 꾸민 공간, 내가 만든 커피, 내가 고른 음악.
욕심 부리지 않는 마음과 탄탄한 준비.
하루하루 무대 위 공연을 준비하는 기분으로 손님을 맞았다.
커피는 그저 마시는 것만이 아니라 온 마음으로 느끼는 것이라고
믿었다.
문을 연 지 얼마 지나지 않아, 가게는 입소문을 타고 손님들로
북적이기 시작했다. 하지만 그 성공은 오히려 독이었다.
소음과 담배 연기, 자리 다툼으로 가게는 혼란스러워졌고
커피는 특별한 경험의 문을 열어주는 열쇠가 아닌 자리를
차지하기 위한 수단이 되어버렸다.
내가 꿈꾸던 카페의 모습과는 너무도 달랐다. 결단이 필요한
시점이었다.

③ | 일본에서 찾은 커피의 멋,
    '카페 드 람브르'　　　　　　　　1992년

커피명가를 오픈하고 두 해가 지난 시점, 매일 수많은 손님들로 북적이는 커피명가였지만 나는 머릿속이 복잡했다.

커피명가가 단순한 '만남의 장소'가 아닌 커피맛으로 승부하는 카페로 자리매김하려면 어떻게 해야할까 고심하고 또 고심하던 시절이다.

가슴에 큰 바위를 하나 얹어놓은 것처럼 갑갑함만 더해가던 중 나는 고민을 풀어줄 실마리를 찾기 위해 일본으로 커피투어를 떠났다. 이미 한국까지 명성을 떨치던 '미미', '카페 드 람브르', '범'과 같은 카페들과 한창 번성하던 편의점 커피, '도토루' 프랜차이즈 매장들의 차이점도 비교해보고 싶었다.

보름 동안 후쿠오카에서 시작해 나고야, 도쿄, 오사카를 두루 누비며 오직 커피만을 탐닉하는 시간이었다.

부지런히 돌아다녔으나 몇몇 곳은 시간에 쫓기거나 길을 헤매다 찾지 못했다. 요즘은 스마트폰만 있으면 전 세계 어느 작은 골목길이든 찾아갈 수 있는 시대지만 그 당시에는 일본어도 못하는 한국인이 종이 지도 하나 달랑 들고 작은 카페를 찾아 커피투어를 즐긴다는 것은 정말 쉽지 않은 일이었다.

하지만 고된 노력의 맛은 달고도 향긋했다.

30여 년이 지난 지금까지도 그때 마신 커피의 맛이 내 입 속에 남아있다. 마치 아까워서 다 마시지 못하고 여전히 입 안에 머금고 있는 것처럼. 그래, 그때의 커피투어 이후로 나에게 커피란 두 가지로 나뉜다. 마실 수 있는 커피와 차마 다 마시지 못하고 아까워 입 안에 머금고 있을 수밖에 없는 커피.

그중에서도 가장 마지막까지 머금고 있을 커피 중 하나가
바로 '카페 드 람브르'(Café de L'Ambre)의 커피다.
1992년 어느 날 새벽의 어스름이 걷히기를 기다리며, 나는
그 카페의 첫 손님이 되기 위해 도쿄 긴자의 뒷골목에서 밤을
지새웠다. 아침 햇살이 문틈으로 스며들 때, 누구의 흔적도
남지 않은 순수한 공간에서 카페만의 향기와 분위기를 온전히
만끽하고 싶은 열망이 가득했다.

종이 지도에 의지해 찾아간 '카페 드 람브르'의 문을 연 순간을
잊지 못한다. 명성에 비해 놀랄 만큼 소박한 카운터와 바,
하지만 그 작은 공간이 주는 감동은 거대하고 경이로웠다.
나는 그 공간의 모든 공기를 흡수할 기세로 숨을 깊이
들이마셨다. 그곳의 향기는 값을 매길 수 없는 귀한 선물 같았다.
오랜 세월 쌓인 커피향과 그보다 더 진한, 시간이 만들어낸
공간의 맛. 주인장의 파이프 담배 연기와 눈에 보이지 않는
멋이 공존하는 곳. 상어 입을 닮은 로스팅 머신의 배출구에서
뿜어져 나오는 열기와 잔향은 마치 시간을 멈추게 하는 마법과도
같았다. 조용히 카운터에 자리를 잡은 내 첫 주문은 '모카'였다.
지금이야 에티오피아 모카, 예멘 모카로 세분화되지만 그땐 그저
모카로 불리던 그 커피. 넬 드립이 시작되는 순간을 나는 숨을
죽이고 지켜보았다. 카메라를 들이대 그 광경을 그대로 간직하고
싶은 마음, 그 순간을 영원히 붙잡고 싶은 욕망이 피어올랐다.
하지만 그러기엔 너무나 소중하고 순수한 경험의 순간이기도

했다. 무심한 척 시선을 돌리면서도, 내 눈은 모든 순간을 낱낱이 담아내고 싶어했다.
드립포트에서 물이 흘러내리는 시간을 시계를 보며 기록하려다가 문득 부끄러워져서, 시계 대신 내 맥박으로 그 시간을 새겼다.
그날 '카페 드 람브르'에서의 경험은 커피 한 잔이 모든 감각으로 느껴지는 예술로 나에게 남았다.

④ | "신이 감동할 커피를 만들어라."
　　 로스팅 머신과 페어링

1992년

앞서도 이야기한 나의 은사님께서는 커피값 5천 원의 특명을 내리시면서 내 인생을 통째로 바꿔놓는 말씀도 해주셨다.
바로 "5천 원짜리가 아닌, 신이 감동할 커피를 만들어라."는 말씀이셨다. 그 큰 숙제 때문에 나는 끝없는 탐구를 계속했다.
그리고 1992년, 나는 커피 로스팅 머신 제작에 도전했다.
제대로 된 커피를 만들기 위해서는 재료, 도구, 기술이 조화를 이루어야 하는데 언제까지나 일본 혹은 유럽의 머신을 사와서 커피를 볶을 수는 없다고 생각했기 때문이다.
누군가가 첫 길을 열면 언젠가는 한국에서도 커피를 직접 볶아 판매하는 이들의 시대가 열릴 거라는 확신도 있었다.
누군가는 무모한 도전이라며 만류 했지만, 나는 이 또한 커피 공부의 과정으로 받아들였다.
열역학 등의 로스팅 매커니즘에 대해 좀 더 이해하고 깊이 있게 살피는 시간이 되기도 했다. 비록 첫 번째 로스팅 머신은 공을 들인 데 비해서는 졸작이었지만, 내 손으로 만든 로스팅 머신으로 커피를 볶을 수 있다는 사실만으로도 큰 기쁨이었다.
종종 카페 주인으로서 나는 다른 이들에게 '어린왕자'로 비치곤 했다. 고상하게 커피를 마시고, 책을 읽고, 음악을 듣는 모습이 남들 눈에는 화양연화(花樣年華)로 보였을 것이다.
하지만 실상은 달랐다. 시간, 재화, 마음이 쉼 없이 돌아갔고 '잠시 멈춤'은 불가능했다. 매일 새벽 5시부터 커피를 볶고, 낮에는 종일 매장 일을 했다.
아침 식사와 샤워 시간은 20분이 빠듯했고, 매주 정비할 일이

끊이지 않았다.
겉으로 보이는 우아함 뒤에는 고된 노력이 숨어 있었다.
그리고 '더 나은 커피'를 향한 채워지지 않는 갈망이 있었다.
로스팅 머신을 제작하며 커피 본연의 맛에 대한 탐구도
이어나가는 한편 커피 맛과 분위기를 더 좋게 할 수 있는
그 무엇의 힘이라도 빌리고 싶었다. 음악회도 개최해 보고,
책과 음반 구입에도 투자를 아끼지 않았다.
한때는 커피잔에 사로잡혀 제법 비싼 수입 잔들을 보는 족족
사들였다. 손님들의 입에 내가 직접 고른 잔이 닿는 기쁨을
포기할 수 없었다. 커피와의 페어링, 그 완벽한 궁합을 찾는 것
또한 신을 감동시킬 수 있는 방법이 아닐까 생각한다.

⑤ 책 속의 거장
'가라사와 가쓰오'를 만나다

1993년

평소 존경하던 '보헤미안'의 '박이추' 선생님과 함께 꿈에 그리던 동경국제식품전(FOODEX JAPAN)을 찾았던 것이 1993년의 일이다.

재일교포 출신인 박이추 선생님은 일본어를 모국어처럼 구사했고, 리서치 능력도 훌륭해 내가 미처 알지 못했던 특별한 카페 시장을 예리하게 포착하고 있었다.

동경국제식품전의 규모와 다양성, 곳곳에서 보이는 세련된 디자인과 면도날로 자른 듯한 정교함, 그 속에서 빛나는 장인들의 모습은 내 상상을 뛰어넘었다.

이때의 일본 방문이 내 뇌리에 더욱 또렷하게 각인된 것은 책으로만 접했던 일본 커피계의 거장 '가라사와 가쓰오' 선생님을 직접 뵀었기 때문이다.

내가 커피를 처음 공부할 때는 일본 비자를 받기가 몹시 어려워서 나는 일본에 직접 가지 못하고 겨우 책을 구해서 볼 수 있었다. 그때 가장 많은 가르침을 얻은 책이 바로 가쓰오 선생님의 책이었다. 가쓰오 선생님은 유나이티드 커피연구소에 계시면서 활발한 저술 활동 펼쳤다.

책으로만 만나던 나의 우상(偶像)을 실제로 만난다는 설렘과 두근거림을 애써 달래며 들어선 그의 사무실은 그저 소박하고 단정했다. 진열되어 있는 다양한 소품들이 그의 오랜 경험과 여정을 짐작하게 할 뿐이었다.

놀라움은 여기서 그치지 않았다.

엄청난 아우라와 카리스마를 내뿜는 인물이지 않을까 짐작했던 나의 예상과 달리 가쓰오 선생님은 배려심과 친절함이 몸에 밴 소박한 학자 같은 인상을 풍겼다.
특히나 놀라운 건 그의 오래된 넥타이였다.
족히 20년은 넘게 사용한 듯한 오래된 넥타이를 단정하게 맨 그의 모습을 보며 나는 어쩐지 '커피로 부자가 되려는 생각은 미련한 거구나.'라는 결론을 내렸다.
그날 우리는 국경을 넘어, 세대를 넘어, 커피에 대한 사랑으로 형성된 공감대로 진지한 대화를 나누느라 시간 가는 줄 몰랐다.
그때 나는 일본의 커피 문화가 마냥 부러웠지만 가쓰오 선생님은 오히려 한국을 부러워 하셨다.
한국에는 '커피에 열정을 바치는 젊은이'가 있기 때문이라던 그분의 말씀이 오래오래 가슴속에 나를 위한 격려처럼 새겨졌다.

⑥ | 동성로 매장을 리뉴얼하며　　　　　　1994년

생각해 보면, 커피는 나를 5년에 한 번씩 건드려 깨워줬다.
처음 만난 중학교 시절엔 달콤하게 다가왔던 커피가 스무살에는
실패의 쓴맛만을 남겨주었고, 스물다섯 무렵에는 그 쓴맛을 지울
방법을 찾아가라고 말하는 듯 했다.
1994년 겨울부터 준비한 동성로 매장이 1995년 그 모습을
드러냈다.
인테리어 작업은 친구가 맡아주었는데, 이미 그는 1990년대 초
안양 일대에서 'people' 그리고 '커피박물관'이라는 멋진
공간들을 연출한 미다스의 손을 가진 친구였다.
커피와 공간에 대한 이해가 모두 뛰어났던 친구였기에 공사비
따위는 생각지 말고 100년이 지나도 부끄럽지 않을 공간으로
만들자고 의기투합했다.
그리고 이제는 여행이 자유로운 시대가 열릴 테니 전 세계 어느
나라와 비교해도 부끄럽지 않게 만들자고도 마음을 모았다.
커피향을 머금고 사람 발자국을 받아줄 원목을 사용해
입체적으로 공간을 구성하고 무엇보다 커피를 만드는 바를 실내
정중앙에 배치해 내가 커피를 만드는 모습이 마치 오케스트라의
지휘자처럼 보이도록 고려했다.
그러면서 손님이 한 명만 앉아있더라도 꽉 찬 느낌, 동시에
좌석을 가득 채워도 넉넉한 느낌이 드는 공간으로 만들었다.
이때 나는 공간과 약속을 했다.
이 공간은 손님의 몫이라고.
내 공간이 아니라 자주 이용하고 아껴주는 사람의 공간이라고.

이곳에 발자국을 남기고 가는 손님들을 기억하고, 그분이 몇 년
뒤에 또 다른 모습으로 찾아오더라도 맞이할 수 있도록
이 공간이 존재하게 두겠다고.
카페, 커피하우스를 운영하는 일이란 사람을 기분좋게 만드는
커피를 만들어내는 것뿐만 아니라 때로는 시간의 틈을 메꿔주고,
멈춘 시간을 이어주는 역할을 해야 한다고 나는 다짐하고 또
다짐한다.

⑦ | 좋아하는 일을 하는 순간엔
　　슈퍼맨이 된다

1995년

또 손님들이 넘쳐났다.

커피명가 동성로 매장은 주말엔 전쟁터를 방불케 했다. 자리가 없다고 사과하는 일이 나의 일과 대부분을 차지할 정도였다. 기본 대기 시간이 30분에서 1시간은 기본이고, 무작정 기다릴수가 없어서 식사를 먼저 하고 오거나 영화를 보고 다시 와도 자리가 없을 정도였다.

들어오지 못한 분들께 미안한 마음이 컸지만 일단 자리를 잡은 손님들에게 특급 호텔에서의 1박과도 같은 만족감을 줄 수 있도록 애를 썼다. 공간을 가꾸는 데에도 애를 썼지만 커피를 볶는 일에 훨씬 더 공을 들였다. 넓은 성장보다는 깊은 성장을 하고 싶었다.

전국의 유명한 예술가들도 자주 눈에 띄었다. 음악가, 미술가, 사진계의 대부들, 톱 디자이너들도 많이 방문했다. 제빵제과업계의 대부이신 리치몬드 회장님도 직접 찾아와 커피가 맛있다고 하시며 당신 매장의 커피 컨설팅을 요청하시기도 했다. 그 시절 최고의 빵과 커피가 만난 셈이랄까. 가끔 배송이 어긋날 때면 원두 500그램을 늦지 않게 보내기 위해 직접 새벽 비행기를 타고 서울에 가서 오후 비행기로 대구에 돌아오곤 했다. 커피값의 10배가 넘는 교통비가 들었지만 한 명의 아쉬움도 남기고 싶지 않았다.

더불어 커피 소비량은 점점 많아지는데 작업실 위치가 자리잡지 못한 상황이라 옥상, 비상계단, 경주창고를 오가며 커피를 볶았다.

새벽녘에 용달차량이 생두 서너 백을 남겨두면, 혼자서 커피백을 등에 업고서 4층까지 단번에 올라가곤 했다. 당시 65킬로그램의 몸무게로 70킬로그램 커피백을 등에 지고 계단을 올랐으니. 정말 커피를 사랑하지 않으면 그 힘을 어떻게 낼 수 있었을까. 정말이지, 좋아하는 일을 할 때는 순간적으로 슈퍼맨이 되나 보다.

⑧ 지리산에서의 새해다짐과
한국커피문화협회

1996년

매년 새해엔 해맞이 등봉을 하는데, 1996년에는 지리산 천왕봉을
올랐다. 이제는 좀 더 큰일을 준비하고 중요한 결정을 끌어내야
한다는 생각에 스스로의 마음을 다잡기 위해서 큰 산을 오른
것이다.
그해 가장 중요한 목표 중 하나는 커피에 관한 책을 쓰는
것이었고, 다른 하나는 좋은 생두를 구하는 방법을 찾는
일이었다. 마지막으로는 완전체에 가까운 스태프를 구성하고
싶었다.
하지만 세 가지 모두 쉽지 않았다. 너무 많은 사람들이 나를 찾는
탓이었다. 서울에서 제주까지, 누구 소개로 왔다는 사람들이
많았다. 미리 약속된 상황이 아니었지만, 멀리서 오신 손님과
커피에 대한 질문을 마다할 수는 없었다. 나의 시간을 쓴 것은
말할 것도 없고, 저녁 식사를 대접하거나 심지어 숙박할 곳도
마련해 드렸다.
하지만 프랜차이즈 지점을 내게 해달라던 분과 카페 비즈니스와
관련된 분들께는 절대 시간을 내주지 않았고, 심지어 내가
커피명가 주인이 아니라고 거짓말도 했다.
하지만 매일 같이 찾아오는 사람들은 도무지 통제할 수 없었고
하나하나 답변하고 나면 정말 하루를 어떻게 보냈는지,
내가 왜 이러고 있는지, 이래야만 하는지 자책과 허무의 싹들이
점점 자라났다.
이 시절 조금의 위안거리를 찾는다면, '한국커피문화협회'의
활동을 통해 우리나라 커피의 입지를 다지려면 로스터리 카페가

많아져야 한다는 나의 말에 귀를 기울이는 사람들이 늘어났다는 것이다.

그런데 그 때문에 커피 볶는 것을 배우겠다고 전국에서 사람들이 몰려왔다. 천리안, 하이텔 같은 PC통신 커피동호회에서 커피명가의 입지는 단연 1위였다.

커피 관련 글들의 대부분이 커피명가를 다뤘고, 그 다음으로는 나와 박이추 선생님이 언급되었다.

그리고 그즈음 박이추 선생님과의 골이 점점 깊어졌다.

한 대학의 사회교육원에서 커피 관련 강좌 개설을 요청해왔고 추출은 박 선생님께서, 로스팅과 생두 분야는 내가 맡기로 했다.

나는 커피의 저변을 넓히기 위해 한국커피문화협회를 만들었기 때문에 커피 강좌도 개인이 아닌 협회가 운영해야 한다고 생각했지만 박 선생님의 생각은 달랐다.

그때 우리 두 사람 중 누구도 틀린 사람은 없었다. 다만 견해가 달랐을 뿐.

나는 커피 교육이 학교 내에서 이루어질 수 있도록 노력하기로 했다. 그래야만 확산성이 커지고 그 위상도 높아질 것이라는 생각에서였다.

커피에 대한 많은 이들의 관심이 계속 이어져 성숙한 커피 문화를 이루기를 바라기 때문이었다.

⑨ | 커피백은 터졌지만
자신감은 차올랐다

1996년

마음은 점점 더 바빠졌다. 책 준비가 계속 공회전하면서
마음이 초조했다. 앞으로 나아가지 못하는 이유는 분명했다.
커피가 자라는 땅에 대해 알지 못한 채 커피를 표현한다는 것이
가짜 같았다. 그동안 준비했던, 아껴왔던 여러 자료를 자료에
목말라하던 '한승환' 씨에게 선물로 줬다. 많은 자료들이 그의
손을 통해 『커피 좋아하세요』라는 책이 되어 나왔다.
그리고 공허함과 불안이 가속되던 시점에 대형 사고가 터졌다.
몇 년 전부터 일본의 스페셜티 커피를 전문으로 유통하던
회사로부터 사입하고 있었는데 그해 도착분으로 엉망진창이 된
생두백을 마주하게 된 것이다.
10개의 생산국에서 총 15종의 생두를 구매했다.
3톤 정도의 물량이지만 단독 컨테이너를 사용해 선적된다고
들었는데, 총 50백 중에 30백 이상이 터진 상태로 도착한
것이다.
식품검역이라는 명목으로 어떤 커피는 절반 정도만 남아 있었다.
3톤을 주문했는데 도착한 물량은 2.5톤에 불과했다. 도대체
커피백을 어떻게 이렇게 다룰 수가 있는지. 내 인생을 통틀어
분노의 순간 톱 5에 들 만한 일이었다.
그래도 다행히 그해 겨울 처음으로 사입한 쿠바 크리스탈
마운틴은 에메랄드 빛이 살아 있었고, 마비스 뱅크 블루마운틴
no.1은 가격에 걸맞은 맛이 아닐지언정 오리지널이라는
이유만으로도 만족감을 주었다.
더군다나 처음 맛본 과테말라 안티구아 지역의 벨라카모나

농장의 커피는 정말 탁월한 맛을 선사했다.

예멘 마타리는 또 얼마나 특별했던지…….

비록 커피백은 형편없는 상태로 왔으나 새로운 콩들과 보석처럼 빛나는 생두의 유혹 앞에 도도한 작업자로서의 위엄은 가질 수가 없었다. 커피백은 터져왔으나 자신감은 어느 때보다 충만히 차올랐다.

⑩ | 예상치 못한 순간, 뜻밖의 커피를 만나다   1996년

1996년 겨울, 새로운 콩은 커피를 볶는 나를 조롱하듯
도망다녔다.
벨라카르모나 커피콩이 주름이 잘 펴지지 않아 찡그린 듯한
모습이었는데, 당시는 콩의 겉모습을 많이 따지는 시절이었다.
좀처럼 마음에 들게 볶아지지 않았다.
보통 1배치에 3킬로그램 정도 생두를 투입하는데, 거의 20배치를
볶으며 커피백 하나를 다 소진할 때 쯤 나도 모르게 그동안 하지
않던 짓을 했다.
로스팅 머신에서 맹렬한 파열음이 들려올 때 개방을 시켜버렸다.
시티, 풀시티 작업을 즐기던 나로서는 익숙하지 않은,
시나몬에서 미디엄으로 넘어가는 시점에 개방을 한 것이다.
그렇게 볶아진 콩은 생두일 때와 별다르지 않은 부피여서
기대할 것 없다는 느낌에 젖혀두었다. 그런데 다음날 스태프가
실수로 그 콩을 가져왔다.
아침부터 짜증을 내지 않으려고 내색하지 않고서 그라인더에
투입했는데, 절삭될 때의 파쇄음도 다른 콩들과 완전 달랐다.
망했구나 싶었다.
이걸 어쩌나 하며 필터 쪽으로 분쇄 콩을 옮기고, 별 기대 없이
만들게 된 한 잔의 커피. 그 커피에서 한번도 경험하지 못했던
향이 물씬 풍겼다.
대학수학능력시험이 치러지던 날로 기억한다.
여지없이 찾아온 '수능 한파'에 바깥 날씨는 제법 추웠지만,
카페 안에는 햇살이 가득 들어왔다. 휘발되는 아로마가 그

햇살을 타고 춤을 추는 듯 했고, 피어오르는 수증기를 타고
공간을 온통 채우는 커피향이란!
그 순간이 너무 행복해 한참을 바라보고만 싶었다.
그리고 잔에 입을 갖다 대는 순간, 숨이 턱 멈추었다.
'이게 무슨 맛이지? 커피에서 무슨 이런 맛이……'
방금 마신 커피의 맛과 향이 너무도 아까워서 숨을 크게 쉴 수가
없었다. 이어서 가장 먼저 든 생각은 이거였다.
일본에서도 마셔본 적 없는 맛이다.
'아싸! 이제 일본을 따라잡을 수 있겠구나!'
일본 커피에 늘 빚진 심정이었던 나였다. 공부를 하며 일본의
커피 작업을 훔쳐보는 것이 자존심도 상했고, 일본에서 구해온
커피를 마실 때마다 내가 생각한 맛이 구현되지 않아 괴로웠다.
처음에는 추출하는 실력이 부족해 그럴 거라 여겼는데 아무리
똑같이 따라해도 그 맛과 달랐다.
한 번은 잔머리를 써서 포장된 콩이 아닌 사용하던 콩을 담아
달라고 해서 이상한 놈이라고 여기는 눈빛을 마주하기도 했다.
그렇게까지 했는데도 그 맛이 안 나서 카페에서 사용하던
물까지 훔쳤을 정도다. 세관에서 그냥 물이라는 내 말을
믿어주지 않아 가져오진 못했지만.
그토록 내가 바라던 커피, 일본에서 마시던 커피보다 훨씬
맛있는 커피가 드디어 내 앞에 있었다.
예상치 못한 순간에, 기대도 없이 기적처럼.

⑪ | 커피명가, IMF를 맞닥뜨리다 1997년

커피를 본업으로 삼아 일한 지 딱 10년이 되던 1997년.
IMF 사태가 터졌다. 온 나라가 망해가는 것 같은 분위기 속에서
내 이웃들도 손님들도 모두 큰 타격을 입은 것 같았다.
동종업계에도 문을 닫는 곳이 점점 늘어났다.
그런데 커피명가를 찾는 손님들의 발걸음은 줄지 않았다.
나도, 스태프들도 예상하지 못한 일이었다.
인적이 뜸해지고 캄캄한 어둠이 내려앉은 거리에서
커피명가만은 여전히 환하게 불을 밝혔다. 명가를 찾은 손님들이
행복해 하는 모습을 보며, 어려운 시기에 웃음을 주는 공간이
될 수 있다는 사실이 참으로 귀하게 느껴졌다. 커피를 통해
사람들에게 밝은 기운을 전하고 싶었던 나의 노력이 헛되지
않았다는 것을 느끼는 시간이었다.
명가에서 맛있는 커피와 케이크뿐만 아니라 웃음과 배려,
행복까지 얻어간다고 말씀하시는 손님들을 볼 때마다
초심을 잃지 않고 최선을 다하겠다는 다짐이 더욱 깊어졌다.
그 당시 나는 로스팅 머신 2차 제작을 시도하고 있었다.
투자금이 필요해 은행을 찾았는데, 수모를 당했다고 느낄 만큼
문턱이 높았다. 우리가 하는 일이 '다방업'이라서 대출을 해줄
수 없다는 말까지 들었다. 비록 은행에서 퇴짜를 맞았어도 나의
자신감은 주눅들지 않았다. 숫자로만 판단하는 은행이 나에게
투자하지 않더라도 손님에게 투자한 나는 망하지 않을 거라는
자부심이 있었다. 그때의 은행은 IMF를 견디지 못하고 망했다.
커피명가는 살아남았다.

⑫ '다방 종업원'이라는
사람들의 인식을 깨자

1998년

커피명가가 알려지고 내가 대중에게 노출되는 일도 많아지면서
점점 커피를 만드는 바에서 멀어지는 느낌이 들었다.
해야할 일들이 점점 많아지고 좀처럼 해보지 않던 일도
해야했다.
그중에서 나에게 가장 크게 닥쳐온 일은 첫째 아이의 초등학교
입학이었다. 가정환경조사서에 부모님 인적사항을 상세히
적어야 했는데, 나는 '직업'란 앞에서 고민에 빠졌다.
그때 내가 하는 일은 행정상 '다방업'으로 분류되어 있었고,
운영자라는 말이나 경영자라는 말은 업계에서 통용되는 말이
아니었다. 그러니까 엄밀히 따지면 나는 내 직업을 '다방
주인'으로 적어야 했다. 나와 함께 일하던 스태프들이 학부모가
되면 '다방 종업원'으로 적어야 할 터였다.
아이의 등교 첫날, 대구에서는 좀처럼 볼 수 없는 눈이 내렸다.
아이와 눈 구경을 하려고 학교에 보내지 않았는데, 담임
선생님은 적잖이 당혹해 했다. 거기에 부모 직업을 확인하시고는
더더욱 놀란 듯 했다.
담임 선생님의 입장이 이해가 안 되는 것은 아니지만,
이해한다고 해서 사회의 편견 가득한 시선이 아프지 않은 것도
아니었다.
내 커피와 공간을 좋아하는 사람들이 전국에서 몰려들었지만
보통 사람들의 눈에 커피명가는 한낱 다방일 뿐이었다.
'시커먼 국물'을 왜 먹는지 이해하지 못하는 사람들도 많았다.
내가 좋아하고 당당하게 일하는 일터에 대한 존중까지는 바라지

않더라도 멸시를 받고 싶지는 않았는데…….
나 때문에 아이도 곱지 않은 시선을 받게 되는 건 아닐까 걱정이 되었다. 아들이 다방을 한다며 죄인이 된 듯 움츠렸던 어머님 생각도 났다.
'다방집 아이'라며 따가운 시선을 받는 아이를 지키기 위해서라도 여전히 음성적인 산업으로 여겨지는 커피 문화를 바로잡겠다는 각오를 했다.
그렇게 1998년에 세운 나의 가장 중요한 목표는 커피업을 존중받는 직업군으로 만들어서 나와 내 동료들이 평가절하 당하지 않게 하는 거였다.
'누군가 나를 알아보지 못해도 괜찮다. 하지만 누군가에게 나를 소개할 때 부끄럽지 않아야 한다.'
그것이 나의 신조였다.
이 신조를 커피에 대한 의무로 확장시켰다.
커피가 단순한 기호식품이 아닌 사회적이고 문화적인 요소가 될 수 있게끔 하자. 커피를 삶의 필수품, 애호품으로 인식하는 세상이 되도록 나의 모든 에너지를 쏟자.
그때부터 그동안 자제하던 언론 노출과 기고, 강연 등 커피를 알리는 일이라면 그 무엇도 마다하지 않았다.
지역신문에 커피에 관련한 연재를 시작했고, 다큐멘터리 전문 채널과 한국 최초의 커피 다큐멘터리 제작에 들어갔다.
대학에 '커피학과'가 생기면 좋은 후배들도 많이 육성될 것이고, 만약 커피학과 교수가 된다면 그동안 겪은 고약한 수모를 당하지 않을 거란 생각에 학과 개설을 위해 사람들을 많이 만났다.
영향력 있는 외식 업체와 관련자들을 대상으로 커피의 중요성과 확장성에 관한 주제 발표를 하기도 했다.
그때의 나는 내가 사랑하는 커피를 지키기 위해 전사가 되기를 주저하지 않았다.

⑬ | 인스턴트 커피 VS 원두커피   1999년

우리나라의 커피 산업과 문화의 큰 특징은 인스턴트 커피 비중이
압도적으로 높다는 것이었다.
전 국민들에게 커피의 좋은 이미지를 주고 커피 산업과 문화에
절대적인 영향을 끼친 세계적인 커피기업인 동서커피는 초창기
커피 문화를 만들어가는 선구자였다.
나 또한 첫 커피와의 만남이 인스턴트 커피인 그래뉼 커피였다.
커피를 즐기다 애호가가 되고 막상 커피를 업으로 삼으면서부터
우리나라의 커피 문화와 산업의 흐름에 더 많은 관심과 책임을
느꼈다. 동서커피는 내 회사는 아니지만 우리나라 커피 산업에서
절대적인 위치에 있는 기업이라 그들의 역할에 기대가 컸다.
인스턴트 커피의 맛과 향이 진짜 커피라는 인식과 편견을 깨주길
바라는 한편 동서의 '그래뉼 커피'를 나 혼자만의 경쟁 상대로
삼았다.
떼돈을 벌어서 동서를 매입한다거나 망하게 하겠다는
허무맹랑한 생각을 한 건 아니었다.
사람들이 원두커피의 매력을 더 많이 알게 되면 기업에서도
자연스레 원두커피 라인을 육성할 거라고 생각했다. 하지만
동서라는 세계적인 브랜드가 스페셜티 커피 시장에 뛰어들지
않았던 덕분에 내가 할 수 있는 일들이 더욱 많았다.
특히 직접 만든 로스팅 머신이 좋은 결과물을 보여주기
시작하면서 커피를 향한 나의 호기심과 도전정신은 점점 더
커졌다.

⑭ '물 없이 먹는 커피' 특허출원과 이대 앞 스타벅스

1999년

1999년에 이르러 로스팅과 추출은 안정성을 확보했지만
나는 또다시 도전과 변화, 그리고 진화의 방향을 찾고 있었다.
그 중 하나가 바로 '물 없이 먹는 커피'였다.
커피를 좋아하다보면 정말 시도 때도 없이 커피를 가까이
하게 되는데 어떤 때는 수분 섭취 없이 커피의 카페인을
섭취하고 싶은 욕구가 들었다. 그래서 물을 쉽게 구할 수 없는
환경에서도 먹을 수 있는 커피를 개발했다. 특히 군인과 장거리
운전자들에게 도움이 될 거라는 생각이었다.
커피 원두에서 액상 커피를 추출한 후 초저온 상태로 급속냉동,
동결건조, 분쇄를 거치는 방식으로 특허를 출원했다.
내가 커피에 대한 열망으로 다양한 연구를 하는 만큼 우리
업계도 밀레니엄을 앞두고 한층 물이 오른 시기였다.
커피 애호가에서 운영자, 창업자가 되기를 꿈꾸는 사람들이
기하급수적으로 늘어났다. 또한 IMF 이후 평생 직장이라는
개념이 사라지면서 직업에 대한 가치관이 변화했고, 특히
여성 창업자가 엄청 많아졌다.
커피를 좀 한다는 사람들 사이에서는 일본 커피투어
열풍이 불었고 서울의 이화여대 앞에는 스타벅스 1호점이
개점해 뜨거운 감자로 커피인들의 설왕설래를 부추겼다.
바야흐로 커피 문화의 변화가 예감되던 때였다.

⑮ 또 다른 선구자,　　　　　　　　2000년
'호리구치 토시히데'의 내한

한국의 스페셜티 커피 최전선에 내가 있었다면,
일본에는 '호리구치 토시히데' 씨가 있었다.
2000년, 부산의 '인피니' 카페의 초대로 호리구치 씨가 내한했다.
반가운 일이었다.
그는 나보다 10여 년 선배이지만, 비슷한 시기에 창업한
동기이기도 하다.
커피의 역사가 깊고 업계의 규모도 큰 일본은 특히 도제식
시스템과 전통을 중요시 했는데, 호리구치 씨는 혁신적인
시도를 많이 하는 사람으로 수많은 견제 세력과의 충돌 속에서도
본인만의 스타일을 지킨다는 점에서 나와 통하는 지점이 많았다.
둘 다 생두의 본질을 중요시하며, 객관적이고 과학적인 사고로
커피를 대했는데 호리구치 씨는 여러 책을 남길 정도로 자료
정리와 표현에 있어서는 나보다 한 수 위였다.
우리는 동병상련의 위치에서 서로를 응원하며 선의의
경쟁자이자 동료로 우정을 나눴다.

⑯ 친구들과 찾은
밀라노 식품전시회 (TUTTOFOOD)　　　2000년

서울에서 커피 유통 사업을 막 시작한 친구들과
밀라노식품전시회(TUTTOFOOD) 참관길에 올랐다.
그간 나에게 가장 큰 행사는 동경국제식품전이었는데,
유럽 커피와 장비들이 총 출동하는 밀라노식품전시회는
그야말로 충격의 도가니였다.
동경국제식품전이 '디테일과 구조의 끝판왕'이라면,
밀라노식품전시회의 커피 관련 장비산업전은 다양한 장비와
볼거리를 선사했다. 그 중에서도 마음만 먹으면 모든 과정을
전자동 장비로 꾸릴 수 있는 진화된 장비들에게 압도 당했다.
국내 커피 시장의 가능성과 취약성을 동시에 마주하는
상황이기도 했다.
그때의 일행 중 한 명인 '윤중구'라는 친구는 서울 토박이로
부모님 두 분이 모두 신지식인이셨다. 아버지는 우리나라
원로 산악인으로 초대 한국산악회장을 맡으셨고,
어머니께서는 이화여대 출신의 화가셨다.
또한 친구의 형님인 '윤평구'님은 우리나라 사진계의 대부인
'주명덕' 선생의 수제자로 사진계의 거목이라 할 수 있는
분이셨다.
그분들은 내가 알고 있는 어떤 사람들보다 진심으로 커피를
좋아하고 사랑하는 분들이셨는데, 매일 수동 그라인더에 커피
원두를 넣고 천천히 분쇄하는 일로 새벽을 열었다.
그렇게 천천히 드립한 커피와 일과를 마치는 시간까지 함께하는,
커피 애호가로서 커피의 품위와 멋을 지켜주는 분들이셨다.

나는 화려하게 발전하는 커피 장비에 감탄하는 만큼 커피와 동행하는 삶에 대한 존경과 경이를 간직한 채 끝없는 커피 공부에 매혹되어 갔다.

⑰ 한국 커피의
춘추전국시대가 열리다

2001년

21세기가 열리면서 한국 스페셜티 커피 시장은 하루가 다르게 폭발적인 속도로 변화를 거듭하고 있었다.

이전 1990년대부터 2000년까지 10여 년간 업계에서 가장 주목받고 회자되었던 사람은 나와 보헤미안의 박이추 선생님이었다. 보헤미안이 '커피의 궁전'이라 할 수 있는 이미지를 쌓아나가는 동안 커피명가는 우리나라 토종 스타일의 커피를 고안하고자 끊임 없이 새로운 시스템을 제안했다.

박이추 선생님과는 서로 좋아하고 존중하면서도 커피에 대한 관점과 표현이 다르기 때문에 충돌도 잦았는데 나는 그 점이 좋았다. 더 발전할 수 있는 기회가 될 거라고 생각했다.

세상은 넓고 이미 다른 세상에는 우리가 미처 알지 못하는 커피가 많았다. 우물 안 개구리가 되어서는 안 된다고 생각했다. 한국 커피 업계는 바야흐로 춘추전국시대가 열렸다.

보헤미안을 중심으로 커피 교실과 일본 커피투어가 활발했고, 일본의 유명 킷사텐(喫茶店)과 각자의 취향에 맞춰 교류를 하는 이들이 생겨났다. 그밖에도 일본풍이 아닌 영국에서 경험을 쌓고 카페를 연 커피스트의 조윤정 선생, 스타벅스의 교육파견을 다녀온 멤버들의 시장진출이 이어졌다.

대기업에서 카페 프랜차이즈들에 뛰어들기 시작했으며, 한국의 커피 시장은 그야말로 요동치기 시작했다.

⑱ 에스프레소 명인
강원식 바리스타를 기리며

2001년

커피명가는 당시 국내에서 유통되는 에스프레소 머신 중
최고 버전인 란실리오의 최고급사양 제품을 설치했지만
설치 이후 2년 동안 단 한번도 만족감을 가져보질 못했다.
수백 번 수천 잔을 내리며 이렇게도 저렇게도 해봤지만
드립에 익숙했던 데다가 드립에 맞는 로스팅을 해온 나에게
에스프레소 커피는 너무나도 어색하기만 했다.
그러다 지쳐 포기하고 싶을 때면 한 번씩 새로운 느낌을
주는 커피가 나왔고, 그 맛에 다시 한번 힘을 내어 도전하고
미끄러지기를 반복하던 어느 날 에스프레소의 명인 '강원식'
바리스타를 만났다. 그분은 단 30분만에 내가 한 번도 도달하지
못한 맛을 보여주었다.
에스프레소를 위해 작업한 콩도 아니었는데…….
그분이 보여준 무스보다 곱게 만들어진 우유 포밍은 또 어떠했나.
그냥 웃음밖에 나오질 않았다. 정확한 학습 또한 중요하지만
그것만으로는 결과물을 낼 수 없음을 깨달았다.
서로가 서로의 가치를 알아봤으므로 우리는 번개 같은 속도로
친해졌고, 우리가 함께할 새로운 일에 대한 가능성을 보았다.
하지만 강원식 바리스타와의 첫 프로젝트인 에스프레소 바
매장을 대전에서 열기로 한 바로 그날, 그분은 불의의 사고로
하늘나라로 가셨다. 다시는 만날 수 없을 국보급 바리스타를
잃게 되다니, 너무나 가슴 아픈 일이 아닐 수 없다.
나는 다시는 에스프레소를 쳐다보고 싶지 않을 정도였다.

⑲ | 스페셜티커피박람회 (SCAA)
에서의 '리셋'   2001년

더 큰 문화를 접하고 싶다는 열망에 사로잡혀 미국으로 떠났다.
국내에서 '스타벅스 된장녀' 논란이 일며 커피를 매도하는
말들이 떠돌던 2000년, 캘리포니아에서는 커피의 시스템을
논하고 있었다.
원두 생산 국가들의 산지를 그대로 옮겨온 듯한 모습에 나는
눈을 깜빡이는 시간조차 아까워하며 새롭게 배운 것, 받아들여
적용해야 할 것, 놓칠 수 없는 모든 것을 열심히 기록했다.
내가 알고 있던 것, 내가 가지고 있던 것, 내가 할 수 있었던 것이
그들 앞에서 모두 리셋되었다.
2001년 스페셜티커피박람회(SCAA)는 마이애미에서 열렸다.
부산 인피니의 '구병희' 씨와 동행을 하였는데,
전 세계의 모든 커피가 한 자리에 모인 듯한 모습에 넋이 나갔다.
전시 부스는 수백 개가 넘고, 다양한 행사들이 시시각각
열렸는데 부스 하나하나마다 특색이 강하고 얻어가야 할
내용이 너무 많아서 좀처럼 걸음을 옮길 수가 없을 정도였다.
내가 부러워하던 일본의 커피인들도 이 거대한 시장 앞에서는
한판 붙어볼 만한 상대로 느껴졌다. 하지만 일본의 바이어와
우리를 대하는 시장의 반응은 하늘과 땅 차이였다.
일본과 비교해서는 물론이고 절대적으로도 국내에서 내가 가진
입지는 미국이라는 거대한 시장에서는 조족지혈에 불과한
조그마한 것이었다.
그래도 굴하지 않고 모든 부스마다 인사를 건네며 나는
한국에서 온 커피인이고 한국시장을 주목해달라고 외쳤다.

그리고 생각했다. 지금 우리의 상황을 극복하기 위해 무엇을 해야 하는가. 스스로에게 던진 중요한 메시지였다.

⑳ 천 개 같은 하나의 매장, 스타벅스에 대항하기 위하여

2002년

온 국민의 관심사였던 2002년 한일월드컵을 앞두고, 성공적인
IMF 졸업이라는 사회적 인식 속에서 창업 시장이 활성화되었다.
외식 산업의 발달과 함께 식음료 프랜차이즈가 성황이었는데
그중에서도 커피는 창업 아이템 0순위였고 스타벅스와
커피빈 앤 티리프가 영향력을 과시하기 시작했다.
나에게도 컨설팅 의뢰와 교육 요청이 쇄도했다. 커피명가의
분점을 내달라는 연락이 하루에도 몇 건씩 이어졌다. 적당히
거절을 하는 것만으로도 지쳐버릴 지경이었다. 하지만 나는
매장을 늘릴 생각이 없었다. '천 개 같은 하나의 매장'을
고집했다.
사람이 저마다 고유한 이름을 지니고 이름에 맞게 살아가려
하듯 커피숍도 하나의 인격체처럼 그만의 고유성을 가진 개체가
되어야 한다고 생각했다.
프랜차이즈를 운영하면 브랜드 파워를 가질 수는 있겠지만,
커피명가 만은 고유하고 상징적인 존재로 남기를 바랐다.
그 즈음 대구에는 이런 소문이 돌았다. 다른 지역에서는
스타벅스가 빠른 속도로 시장을 장악했지만 대구에서 만큼은
커피명가 때문에 문을 닫을 수밖에 없다고. 사실 여부를 떠나
도취될 수도 있는 이야기였지만, 그럴 상황이 아니었다.
언제까지나 대구 손님들의 의리에만 의존할 수는 없었다.
커피명가를 스타벅스 보다 더 강한 브랜드로 만들고 싶었다.
외국 브랜드에게 안방을 내어주기는 싫었다. 스타벅스가
따라올 수 없을 만큼의 커피맛과 고객들의 프라이드로 승부를

내야한다고 생각했다.
또 한편으로는 스타벅스의 공세에 맞서 다른 카페들과 손잡고 대책을 강구하는 것이 필요해 보였다.
젊은층이 편하게 찾는 입지와 컨렌츠 그리고 디자인이 스타벅스의 특장점이었고 이는 결코 무시할 수 없는 요소였다.
나 혼자만, 커피명가만 살아남으려 한다면 못할 것도 없었지만 한국 스페셜티 커피 시장과 문화 전체를 생각하면 새로운 노력이 필요한 시점이었다.

㉑ | 커피명가, 축구에 지다　　　　　　　　　2002년

2002년 여름, 대한민국은 월드컵의 열기로 끓어 올랐다.
당시에는 축구팬이든 아니든 누구도 일상에서 월드컵을 비껴갈
수는 없었다.
나는 축구를 싫어하지는 않지만 커피 보다 더 즐거운 것이
있다는 사실을 인정하고 싶지 않았다. 또 모두가 축구를
좋아하는 것은 아닐 테니, 나는 당연히 정상영업을 선포했다.
'대프리카'라고 불릴 정도로 폭염이 이어진 한여름의 대구에서
나는 정전이 예고된 날도, 태풍이 지나가는 날도 매장 문을
열었다. 원칙을 지키고 싶어서였다.
그날의 매출 보다, 커피명가는 당연히 문을 열었을 거라는
손님들의 믿음에 실망감을 주고 싶지 않았다.
그런데 창업 12년 만에 처음으로 하루 매출 10만 원의 벽이
허물어졌다. 그날의 충격은 실로 엄청났다. 처음으로 '졌다'고
시인을 할 정도였다.
축구에 졌다는 걸 인정한 날은 4강 경기 전날이었다.
커피명가 문을 닫고 스태프들과 경주의 유명 음식점을 찾았다.
좋은 음식과 서비스에서 배움을 얻고 쓰린 속도 달래기
위해서였다.

㉒ | 인도네시아 농장에서 첫 커핑　　　2002년

월드컵의 열기가 가라앉을 즈음, 다큐멘터리 사진 작가와
인도네시아 커피 농장을 찾았다. 2002년 9월이었다. 발리섬을
통해 자바섬 남쪽 끝에 위치한 반유왕기라는 지역에 다다랐다.
'Kalifafe Bendo Estate'
'Banyuwangi East Java 1960'
농장의 오너는 화교 2세인 '세티완'(Setiawan)이었다.
이전까지 농장 방문 경험이 없던 나의 눈에도 그는 커피 재배가
천직인 사람으로 보였다.
농장의 기본 설계는 네덜란드령 때부터 조성이 되었고,
주변이 휴화산 지대로 적절한 고도와 풍부한 수자원이 있어
세계 유일의 수세식 로부스타(WIB) 생산에 최적지였다.
그곳에서 농장 이름을 딴 아라비카 원두의 여러 샘플을 요청하여
처음으로 산지에서 '커핑'이라는 것도 해보았다.
스페셜티 커피를 하려면 생두에 에너지를 쏟아야 하는데
당연히 질 좋은 생두를 구하려면 대금을 지불할 의사와 구입 후
소비할 수 있는 여건이 필요하다. 이를 수행하기 위하여 필요로
하는 것 중 하나가 커핑 스킬과 구입을 실천하는 신념이다.
커핑은 일정량의 커피를 잔에 담고, 끓기 바로 직전의 물을 잔
윗부분이 조금 남을 때까지 부어 커피의 맛과 향을 테스트하는
기법 중 하나로 여러 종류의 커피를 비교하고 특성을 평가하는
일이다.
커피컵에서 얻어지는 정보로 사입이 결정되는 경우가 많으므로
한 컨테이너 분량의 운명이 한 컵 안에 담긴 것이다.

그래서 가끔 커핑과 로스팅을 할 때에는 직관적인 동물이 되기를 훈련한다.
'작업자는 늘 커피 향기를 벨 수 있을 만큼 예리하여야 한다."
천혜의 자연 환경 속에서 지리적 수혜를 받은 콩들은 저마다의 특색으로 나의 오감을 깨워주면서 물을 알고 불을 알면 될 것 같았던 커피의 세계가 땅이라는 숙제를 또 던져주었다.

㉓ 다이렉트 트레이딩, 커피백에 '커피명가'를 새기다

2003년

커피명가는 1993년 하반기부터 자사커피 사용분 전량을 직접 볶아서 운영하는 로스터리 카페가 되었다. 그러다보니 무엇보다 재료 수급이 가장 중요했는데, 좀처럼 쉽지 않았다.
이곳저곳에서 모은 콩들은 야금야금 다 소진해버렸고, 국내 유통회사를 통해 수입한 콩들은 일본 및 미국이나 독일에서 수입한 것을 재수입하는 상황이라 선도 및 퀄리티가 많이 아쉬운 수준이었다.
심지어 식품검역 과정에서 콩의 손실도 생겼다.
1990년대 초기에는 일본의 (주)이씨미츠상사를 통해 위탁 수입을 했고, 중후반에는 미국 홀랜드 그룹의 로얄커피와 영국 메르칸타에서도 수입을 했는데 명실상부하게 자유로운 로스토리샵이 되려면 생두의 수입량과 방법을 완전히 바꿀 수밖에 없었다.
2003년의 어느 날, 내 눈앞에는 한글로 '커피명가'라고 적힌 커피백이 떡하니 도착했다. 그 순간은 커피를 하면서 손꼽히게 좋았던 기억이다.
로스터리를 운영하다 보면 생두에 욕심이 많아져서 직접 볶은 콩으로 내린 커피를 마시고 싶어진다.
이따금 정말 마음에 드는 커피를 백으로 구입하기도 하지만, 커피백의 다이렉트 트레이딩은 그야말로 커피업을 하는 사람으로서는 꿈의 단계이다.
그것도 대기업도 아닌 로스터리 카페가, 다이렉트 트레이딩을 하다니.

한국에서는 특히나 드문 케이스였다.

다이렉트 트레이딩, 직수입의 장점은 무엇보다 '뽀대'가 난다. 그리고 일관성 있는 재료의 사용으로 커피의 수준이 올라가고, 한 컨테이너 분량의 콩을 볶아보면서 로스팅 실력 역시도 덩달아 향상된다.

지금도 나는 로스팅을 하는 이들에게 동일한 콩을 한 컨테이너 정도 볶아보라고 조언한다. 로스팅 실력을 발전시킬 수 있는 가장 확실한 방법이기 때문이다.

㉔ 한국 커피 시장에 불꽃이 터지다

2003년

2000년대 초반은 한국 커피 시장에 불꽃이 터지는 나날이었다.
한국 커피와 관련된 매거진 '커피앤티'와 '월간커피'가 창간했고
커피를 즐기는 모습이 담긴 이미지와 정보들이 온라인과
오프라인에서 전방위적으로 확산되었다.
한국 스페셜티 커피의 제2의 물결이 확산되던 시기라고나 할까.
2001년부터 개최된 '카페쇼'와 '월드바리스타챔피언십'(WBC)
출전을 위한 국내 선발전. 에스프레소 커피도 폭발적으로
확산되었다. 커피를 즐기는 사람들 보다도 커피를 통해 일을
만드는 사람들의 세상이었다.
커피를 알리고 가르쳐야 하는 일이 많아졌고 커피 쪽에서
조금이라도 종사한 경험이 있는 사람들은 모두 '커피 선생'으로
신분이 상승되고 극진한 대접을 받았다.
하지만 그 모두가 준비된 상태는 아니었다. 이력을 포장하는
이들도 넘쳐났고 조용필의 노래 가사와 같이 바람처럼 왔다가
이슬처럼 떠나는 이들이 허다했다.
나에게도 계속해서 '가르침'의 역할을 맡아야 하는 상황들이
생겼다. 하지만 내 몸에 맞지 않는 옷처럼 느껴졌다.
한 과정 한 과정을 마치고 나면 영혼이 다 빠져나가는 것 같았다.
특히나 좋은 기술과 시스템을 보면 눈으로 훔치려 노력했던
나와는 달리 다소 수동적인 일부 교육생들의 태도에는 맥이
빠졌다.
커피를 번영시키기 위해서, 나는 역시 교육자보다 작업자로서
임해야겠다고 다짐하는 계기가 되기도 했다.

㉕ | 유럽으로 떠난 커피투어   2004년

커피에 대한 책을 만들고 싶다는 의지가 다시금 피어올랐다.
그것이 내가 커피에 이바지하는 일이라고 여겼다.
사진 작가와 유럽으로 커피투어를 떠났다. 한 달 동안 카페의
본고장 프랑스를 중심으로 이탈리아와 영국을 리서치하는
여정이었다. 영국의 '히긴스 커피'와 프랑스 카페 거리의 수많은
카페들을 도장깨기하듯 섭렵했다.
우리 보다 200년 정도 앞선 커피 문화를 지닌 유럽에서 사람들이
커피를 대하는 관점은 우리와는 사뭇 달랐다.
유럽인들에게 커피는 그냥 삶의 일부분일 뿐, 야단법석할 이유가
없어 보였다. 마치 우리나라 사람들이 김치를 대하는 태도
같달까.
물론 우리의 김치 사랑과 자부심 만큼이나 유럽인들도 커피를
사랑했지만 어릴 때부터 생활 한편에 늘 자리잡고 있었던 커피는
당연하고 익숙해 보였다.
나는 오히려 그 익숙함 때문에 유럽인들이 커피의 새로움을
탐구하거나 번쩍이는 아이디어를 떠올리지 못할 수도 있겠다고
생각했다.
그것이 우리의 장점이 될 수도 있겠다고.

㉖ 꿈 한 잔, 사라지지 않는 카페 되기

2004년

2004년엔 이런 고민에 빠져 있었다.
커피를 만들고 마시는 사람으로서 커피를 둘러싼 새로운 일들에 거침 없이 뛰어들었지만, 한편으로는 커피명가를 운영하는 사람으로서 지켜야 할 것과 버려야 할 것이 있었다.
'커피명가는 어떤 모습으로 남아야 하는가.'
나의 꿈은 한결 같았다.
내가 좋아하는 커피가 더 많은 사람들로부터 사랑 받고 커피 덕분에 사람들의 삶이 더 윤택해지고 사회가 더 아름다워지도록 조력하는 것이었다.
'꿈 한 잔의 커피, 그리고 밝은 세상.'
한 잔의 커피에는 세상을 더 밝게 만들 힘이 있다고 믿었다.
커피명가는 어떻게 해야 내 꿈을 현실로 만들 수 있을까.
커피의 인기는 점점 높아졌고, 커피를 접할 수 있는 상황과 메뉴도 다양해졌지만 그럼에도 불구하고 스페셜티 커피는 아직 대중적으로 자리잡지 못한 '그들만의 리그'라는 인상을 주었다.
흘러가는 시간 속에서 사라지지 않는 카페가 되기 위한 고민은 깊어질 수밖에 없었다.
창업 이후 내가 간간히 머리를 식히러 들리던 곳이 있었다.
바로 '천상병' 시인의 부인이 운영하시던 찻집 '귀천'이다.
크기도 작고 손님도 적지만 당당하고 기품이 있는 공간이었다.
그런 공간을 볼 때면, 카페에는 영혼이 있어야 한다는 생각이 절로 들었다.
하나의 생명체로서 그만의 이름을 지니고 위치를 지키며

사람들이 기억하며 다시 찾는 곳.
나는 커피명가를 그런 공간으로 만들고 싶었다.
사라지지 않는 카페가 있다는 것이 바로 커피 문화를 지키는 일일 테니까.
이 무렵 커피명가에는 우수한 인재가 넘쳐났는데, 오히려 잉여 인력이 생기고, 스태프들은 익숙해진 일에 점점 재미를 잃어가기 시작했다.
나는 인적자원과 물적자원을 다시금 점검하고, 새롭게 길러낼 필요성을 느꼈다.
'커피 가게'에서 '커피 전문기업'으로 도약해야할 시점이었다.

㉗ | 운명의 농장을 찾아서 1: 코스타리카 2004년

2004년의 크리스마스, 중남미 커피 농장을 개척하기 위해 인천공항에 도착했을 때는 이미 한계 중량을 초과할 정도로 어마어마한 짐을 들고 있었다.
가방만 보면 이민자나 다름 없었는데, 그 짐의 대부분이 카메라였다.
지금은 스마트폰 하나면 충분하지만, 그때는 자료를 직접 확보하는 것이 가장 중요했다. 산지의 정보 수집을 위해서는 촬영 장비를 아무리 많이 챙겨도 부족하게 느껴졌다.
짐을 싸들고 경유지인 LA에 도착했는데 뭔가 느낌이 이상했다. 중남미로 가는 비행기에 현지 사람이 한 명도 보이질 않고 미국인들만 가득했다.
맙소사.
항공사 직원이 코스타리카 산호세가 아닌 캘리포니아 산호세로 가는 표를 끊어준 것이다. 하필이면 크리스마스에!
우여곡절 끝에 코스타리카에 도착한 것은 12월 30일이었다. 첫 방문지는 '나랑호'. 그곳은 정말 커피를 위한 '커피의 나라'로 보였다.
그동안 봐온 인도네시아 농장과는 형태와 규모가 완전히 달랐다. 기름진 옥토에서 재배되는 콩들은 그야말로 보석 같았다.
나는 마치 무인도에서 엄청난 보물을 발견한 탐험가와 같은 마음이 들었다.
농장주들 또한 좀처럼 동양인을 만나기가 쉽지 않은 상황이라 첫마디에는 항상 일본인이냐고 묻는다. 나는 한국인이고 지금 한국은 커피가 급성장하고 있고 곧 스페셜티 커피로 세계적인 커피의 중심국가가 될 것이라고 자신감 있게 알려주었다.
머지않아 당신들이 한국말도 알아들을 수 있을 만큼의 시대가 올 것이라는 예견도 해 주었다.
덕분에 수많은 농장주의 초대로 연구소를 찾아 하루 종일 커피를 마시다보니, 나중에는 콜라를 마셔도 커피처럼 느껴졌다.
출국하기 직전, '브리트'라는 회사를 찾아 커피투어 코스를 즐겼다. 커피 전체의 프로세싱 과정을 보여주고 각 지역의 커피 특징을 알려주는 데다가 커피로 만든 다양한 공예품들도 넘쳐났다.
공항에서 만난 미국의 커피인들은 브리트 커피를 구입해 돌아갔는데, 그 모습을 보며 다시금 우리 커피 시장과 세계 1위 커피 소비국의 간극을 실감하기도 했다.

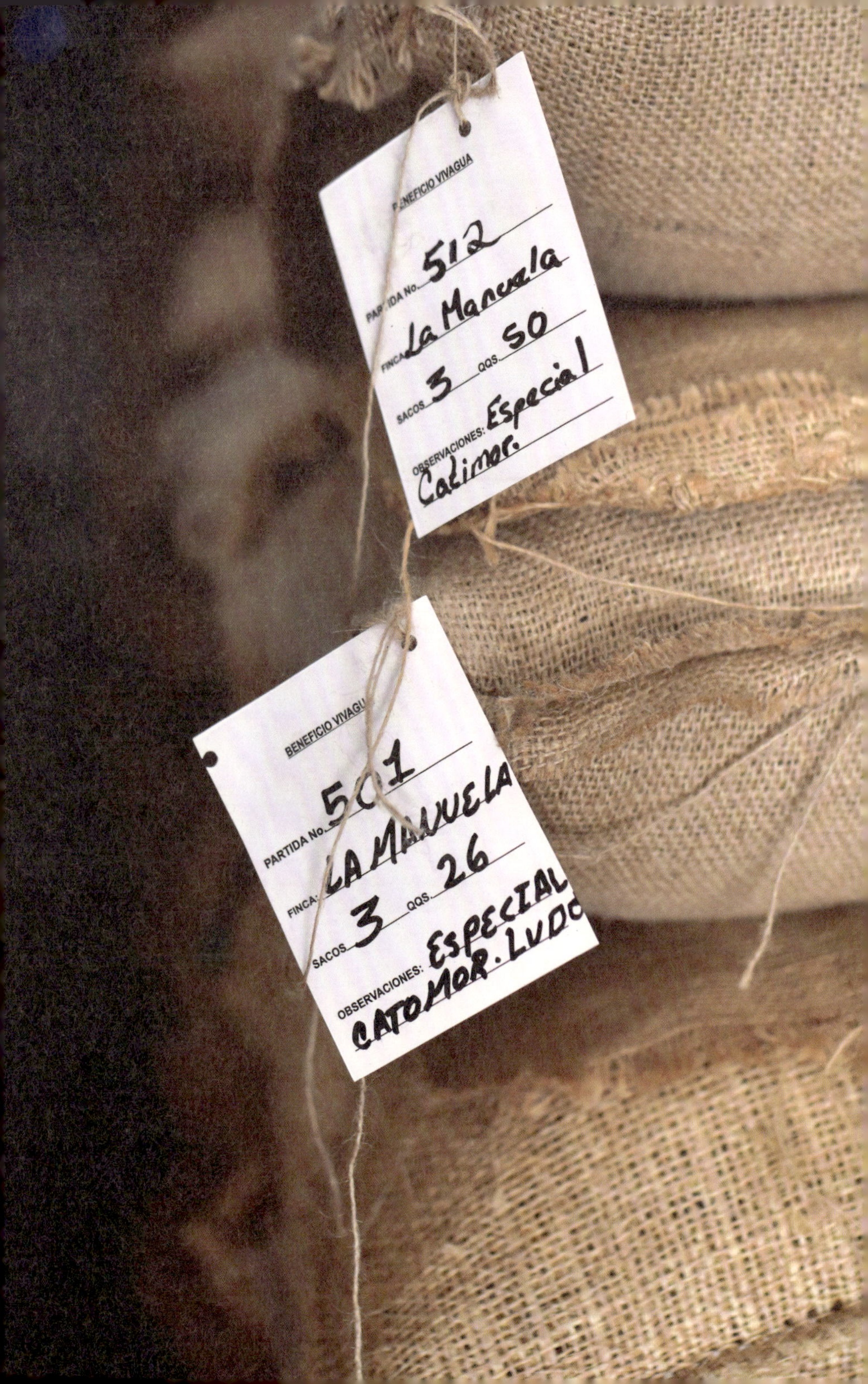

BENEFICIO VIVAGUA

PARTIDA No. 512
FINCA: La Manuela
SACOS: 3 QQS. 50
OBSERVACIONES: Especial
Catimor.

BENEFICIO VIVAGUA

PARTIDA No. 501
FINCA: LA MANUELA
SACOS: 3 QQS. 26
OBSERVACIONES: ESPECIAL
CATOMOR. LVDO

㉘ | 운명의 농장을 찾아서 2: 콜롬비아　　　2005년

콜롬비아 보고타에 도착했을 때, 공항에 내리자 마자 보인 것은
'카페 드 콜롬비아'였다.
우리나라에도 극동지방홍보 자금이 들어와 경부선 기차를 타고
가다보면 대형 스크린에서 만날 수 있는 로고였다. 현지 안내는
선교사님들이 도와주셨는데, 커피만 보고 겁 없이 덤비는 나를
많이 우려하시며 안전을 당부하셨다. 아직도 분쟁지역에는
게릴라가 많이 있어서 큰일 날수가 있다고…….
콜롬비아는 전 국토가 커피생산 지역이고 각각의 지역마다
테루아가 다양하여 한때 스페셜티 커피의 원픽으로 통하던
나라였다.
마침 주요 생산지 중 대표 지역인 마니살레스 지역으로 잡았는데
보고타에서 국내선으로 1시간 정도의 거리에 있었다.
농장에 가기 위해서 마니살레스 지역까지는 국내선으로
한 시간가량 가서 스스로 움직여야 했는데, 빼레리아 지역에서는
커피 축제가 열리고 있어서 커피 농장 안에 있는 작은 호텔에
묵게 됐다.
이미 열흘 정도 산지 생활을 하면서 여행을 하던 때였는데,
샤워를 제대로 하지 못한 상태였지만 짐을 풀자마자 씻기 보다는
눈 앞에 펼쳐진 커피밭에 뛰어들 수 밖에 없었다.
콜롬비아는 대부분 소작농 중심으로 운영되어서
작은 규모의 농장이지만 가끔 게스트 하우스를 겸할 수 있는
미니 호텔을 운영하는 곳이라 커피밭 탐험하기에는 더없이 좋은
곳이었다. 커피밭에는 붉은 보석 같은 커피 체리들이 가지가

휘어질 정도로 가득가득 매달려 시선을 사로잡았다.
홀린 듯 커피밭으로 향해 시간을 보내는 동안 온 몸이 모기와
해충들의 먹이가 되어 부풀어 올랐다.
그때, 갑자기 스콜이 내렸다.
자연의 샤워를 한바탕 마치고 호텔로 돌아와 진짜 샤워를 했다.
반바지와 티셔츠를 입고, 오직 나 혼자뿐인 호텔 방에서
창밖으로 비오는 커피밭을 바라보고 있으니 그 이상 행복해질
수는 없었다.

㉙ 운명의 농장을 찾아서 3: 과테말라

2005년

과테말라 안티구아는 커피 산지 여행을 간다면 첫 번째로 가고
싶은 곳이었다. 1997년쯤 수입한 '벨라 카모나'(Bella Carmona)
농장이 있는 곳이기도 했다. 그곳을 둘러싼 푸에고 산은
활화산으로 엄청난 열기를 뿜어내고 있었지만, 내 가슴 속의
열기도 못지 않게 뜨겁고 이글거렸다.

그곳에서 나는 직접 가보지 않으면 속을 수밖에 없는 것들을
알게 되었다. 과테말라 안티구아에 가면 벨라 카모나 농장은
물론이고 '산타 클라라' 농장은 방문 예정 1순위였다.
그리고 몇 년 전부터 SCAA에서 프로모션에 적극적이었던
'로얄 달턴'이라는 농장을 꼭 가보고 싶어 찜해놓았다.
그런데 막상 먼저 방문해 보니 그곳은 커피 농장이 아닌
관광농원으로 탈바꿈 되어있었고 커피를 위한 농장다움은
찾아볼 수가 없었다.

내가 커피 농장을 직접 방문해야 할 이유가 더욱 명확해졌다.
앞으로 꾸준히 생두를 수입할 수 있는 농장을 찾기 위해서는
나와 생각이 맞고, 공동의 책임감을 갖춘 좋은 농부를 만나
그가 기른 콩을 구입하고 싶었다.

그래서 그 답을 얻어내려 그동안 좋은맛과 영감을 주었던 벨라
카모나 농장을 방문하였는데 예상과 달리 농장주의 표정이
밝지않았다.

최근 몇 년 동안 기후변화로 극심한 가뭄과 병충해, 폭우로 인한
산사태 등 자연재해와 급작스럽게 상승하는 인건비로 그동안
숙련된 노동자의 유출 등 감당할 수 없는 상황들이 농장을

포기하게 하는 주된 요인이 된 것이었다. 지가 상승과 관광지 확대는 큰 유혹으로 다가왔고. 자부심과 명성으로 전 세계의 커피 애호가들에게 꿈을 주었던 이분들에게 어떤 희망을 주어야 할 것인가…….
과테말라에 들어올 때 가졌던 기대가 컸기에, 한국으로 돌아가는 비행기를 타러 가면서 마음이 몹시 착잡했다.

㉚ 마음의 고향, 커피의 발상지
에티오피아에 가다

2007년

예멘의 수도 사나는 적당한 긴장과 공포를 동반한 이국적인
느낌을 주었다.
커피 중 내가 제일 좋아하는 메뉴는 단연 모카다.
모카라는 이름은 왜 그리 사람을 흥분시키는지 모르겠다.
그래서인지 조금은 더 편안함과 설렘을 가지고 사나에
도착하였다. 내가 사랑하는 모카의 발자취와 커피의 발상지를
찾아서, 아랍과 아프리카 여정을 떠난 것이다.
도착 비자를 받는 데에 엄청난 시간이 소요되었는데,
빨리 모카 커피를 마셔보고 싶고 생산하는 곳을 가고 싶은
나에게는 아랍인들 특유의 여유가 화병을 돋울 정도였다.
하지만 잠시 후 그렇게 애를 태우며 들어선 수도 사나는
좀 더 애를 태워도 될 만큼 멋진 곳이라는 사실을 깨달을 수
있었다.
유네스코 세계유산 지정 건축물들이 자랑스럽게 늘어선 거리를
지나 모퉁이에서 모카 커피를 마셨다.
잠비아를 허리춤에 끼고 전통복장을 입은 그들은 커피 대신에
까트라는 이상한 나뭇잎을 제공하면서 아라비안 나이트에서
나올 듯한 은쟁반에 이브릭도구로 만든 커피를 내어왔다.
야생화 꽃향기와 벌꿀 맛이 나는 커피를 기대하였는데 시나몬
카다멈 향으로 가득하였다.
맛이 없다는 표현보다 다름이 느껴졌고 순수히 커피만 바라보던
나의 시각을 좀더 넓히고 이해와 인정을 배우는 계기가 되었다.
다음날 예멘 커피의 주력생산지인 사나 인근커피밭으로 갔는데

척박하기가 말을 할 수가 없을 정도였다.
토양은 대부분 암석이고 1년 내내 강수량도 없이 이슬의 수분을
훔쳐서 생존하는것처럼 보였다.
그동안 모카 커피를 마시면 왜 그리 삼키기가 아깝고 입안에
오랫동안 머금고 있었던지 이해가 갔다.
그들은 터키쉬 스타일의 이브릭 도구를 가지고 와서 커피를
만들어 주었다. 나도 가끔 한국에서 커피 교육을 하면서
사용해봤던 도구인지라 어렵지 않게 커피를 마셔보았는데
기대했던 맛은 아니었다.
예멘을 떠나 잠시 홍해가 보이는가 싶더니 드디어 에티오피아에
도착했다.
커피의 발상지, 얼마나 오고 싶어 했던 곳이던가.
무엇보다 내가 좋아하는 모카 커피의 고향으로, 내 마음의
고향이기도 했다.
먼저 에티오피아의 커피인 '베거시'에게 들렀다.
다이렉트 수입은 아니어도 그가 수출한 커피를 재수입하여
사용한 경험이 그를 만나게 해준것이다.
가끔 사람에게 신뢰가 생겨서 커피를 믿는경우도 있지만 여기는
커피를 믿음으로서 사람을 찾아온 케이스였다.
그의 커피를 3국을 통해 사입한 경험이 있었기에 에티오피아에
가서 그를 만나면 나를 반겨줄 거라는 막연한 기대가 있었다.
커피를 사랑하는 사람들간의 특별한 우정과 친화력이랄까.
그가 건네준 커피를 몇 잔 마시니 편안함과 안정감이

찾아들었다.

마치 외할머니댁에 방문해 굳이 공부 이야기 꺼내지 않고서 푹 쉬고 놀았던, 내가 원하는 건 뭐든 들어주시던 그 마법의 순간 같았다.

왜 그럴까. 에티오피아 커피에 대한 나의 편애 때문일까. 나는 내가 에티오피아 커피에 끌리는 이유를 알아가고 싶었다. 우선 '시마다' 지역을 방문하기로 했다.

에티오피아에는 단일 농장이 많이 없어서 특정 농장이 아닌 지역을 찾는다. 각 지역마다 존재하는 밀 센터가 중심이 된다. 일반적으로 규모가 있는 플랜테이션 농장에서는 자기 땅에서 난 커피 체리만 프로세싱해서 수출업자에게 넘기지만, 에티오피아는 인근 지역의 커피들이 모두 섞여 있다고 보는 것이 맞다.

일반적으로 대부분 커피 생산국에서는 커피 품종으로 그 캐릭터를 제일 많이 강조하고 다음으로 프로세싱, 고도 등이 적용되고 있다. 특히 에디오피아에서는 다양한 토착종으로 토양에 대한 테루아가 훨씬 강조되는 경향을 보인다.

때문에 그 지역의 토양에 분포된 품종들의 캐릭터성이 돋보이는 환경이다.

한편 다른 나라의 커피가 품종 개량에 따른 '양식에 가까운 활어'라면, 에티오피아의 커피 만큼은 자연산이라고 불러도 좋겠다. 아마도 그래서 내가 에티오피아 커피를 좋아할 수밖에 없었던 것 같다.

맑고 투명한 느낌을 자아내는 에티오피아 커피는 언제 마셔도 기분이 좋아진다.
기존의 다른 커피에 벌꿀 한 스푼을 첨가한 듯, 유연하고 담백한 단맛은 다른 생산국에서는 흉내낼 수 없는 고유한 특징이다.
마치 커피의 신께서 에티오피아를 사랑하시는 듯 하다.

㉛ 인스턴트 커피 광고의 모델이 되다

2008년

인스턴트 커피의 광고 모델 제안이 들어왔다.
나는 정말 말도 안된다고 생각했다. 끝없는 회유에도 내가 재차 거절하자 그 회사에서는 이유를 단도직입적으로 물었다.
당시 나는 우리나라 스페셜티 커피의 생장점 같은 역할을 하고 있었고, 인스턴트 커피를 광고하는 것은 스페셜티를 지향하는 이들을 배신하는 행위라고 대답했다.
그런데 그 회사 대표님이 솔깃한 제안을 해왔다.
수면 아래에 있던 우리나라 커피를 적극적으로 알리고, '바리스타'라는 직업이 있다는 것을 사람들에게 보여줄 수 있지 않겠느냐고.
오래 전, 아이의 가정환경조사서에 '다방 주인'이라 적어야만 했던 그 설움과 편견을 깰 수 있는 기회가 될 거라는 이야기였다. 내가 사랑하는 일, 우리 동료들이 하는 이 일이 얼마나 멋진 일인지, 사람들간의 틈을 메꿔주고 연결해줄 뿐만 아니라 바쁜 도시 생활에서 찰나의 휴식과 낭만을 제공하는 사회적 기능에 대해서 이야기하라는 제안이었다.
나는 결국 그의 말에 설득되어 '커피 수프리모'의 TV 광고에 출연했다. 그리고 이를 통해 인스턴트 커피에 대한 나의 관점을 전환하는 계기도 되었다.
인스턴트 방식으로 스페셜티 커피의 맛을 재현할 수 있는 가능성도 배척하지 않기로 했다.
그래, 나 역시도 '물 없이 먹는 커피'로 특허를 받지 않았던가.
광고가 방영되자 여기저기서 많은 말들이 들려왔다.

잘했다는 사람도 있었고 욕을 하는 사람도 있었다.
심지어 어떤 후배는 내가 커피를 너무 모른다고까지 말했다.
에티오피아에 수프리모가 어디있냐고, 커피의 ABC를 모른다고
말이다. 하지만 그건 커피의 브랜드명이었을 뿐이다.
내가 에티오피아와 콜롬비아를 직접 방문한 것이 몇 번인데 그
의미를 모를까.
한 마디 돌려주고 싶었지만 그냥 무시했다.
광고의 반응이 좋아서인지, 내 출연료가 싼 덕분인지 계약이
1년 더 늘어났고 새 광고를 촬영하기 위해 호주의 브리즈번으로
향했다.
그때 난 촬영보다는 잿밥에 더 관심이 많아서 촬영을 마치자마자
바로 MTC 농장으로 향했다. 지구 최남단의 커피 농장, MTC
농장을 방문해서 합리적인 경영 방식과 주변 생산자들과
협업하는 가족형 기업의 풍경을 직접 볼 수 있었다.
기후변화가 극심해지고 고된 커피 생산 환경에서 노동자들의
이탈상황이 녹록치 않음을 보여주지만 새로운 변화와 가능성을
지켜본 상황이었다.

㉜ 한국스페셜티커피협회 (SCAK) 초대 회장 취임

2009년

한국의 커피 산업이 변화하는 소용돌이 속에 몸을 던진 지도 20년이 되던 때. 나는 내가 순항중이며, 방향도 정확하고, 속도도 알맞은 멋진 항해를 하고 있다고 착각했다.
대한민국의 커피 선단은 전방위적으로 세포가 분열하듯 독자적 진화가 무수히 일어나고 있었다.
스타벅스 코리아도 10년 차가 되었고, 다른 프랜차이즈 커피 회사들도 잇달아 도약했다.
스페셜티 커피를 추구하는 매장들도 볼륨이 하루가 다르게 커져만 갔다.
커피의 다양성이 확장되고 개성화가 빠르게 진행되며 커피 업계에 진출하는 경로도 다양해졌다.
'앤트러사이트', '테라로사', '리브레', '프릳츠' 등 다양한 업체가 눈부시게 진화를 거듭했다. 더불어 공정무역과 C.O.E(Cup Of Excellence) 커피에 대한 관심도 높아졌다.
이제 맛있는 커피를 찾는 것은 예전 만큼 힘든 일이 아니었다. 생두 또한 공동구매 등을 통해 각각의 경쟁력을 가지고 들어온 콩들이 충분한 매력과 설득력을 갖추고 있었다.
커피 매체와 인터넷의 정보 조달, 커피 교육 이수자들과 커피를 전공한 학생들, 세계적인 커피 전시회로 도약한 카페쇼, 다양한 커피투어 코스와 유명 인플루언서의 세미나까지.
이 모든 것이 자양분이 되어 불과 몇 년만에 한국은 커피 선진국 반열에 도달한 모습이었다.
굳이 미국에 가지 않아도 신선한 인텔리젠시아 커피를 마실 수

있고, 일본의 마루야마, 미국 카운터컬쳐의 줄리아노, 브라질의
실비아는 자국 만큼이나 한국 팬들이 늘었다.
그러다 커피가 아닌 다른 업계에 계셨던 분이 주위의 몇 명을
모아 한국스페셜티커피협회(SCAK)라는 단체를 만들어
활동한다는 소문을 듣게 됐다.
나에게는 적잖은 충격이었다.
물론 누구든 커피 단체를 결성할 수 있는 것이고, 상황과 조건만
맞다면 한국을 대표하는 단체의 필요성도 대두되던 시기였다.
누가 어떤 의도로 무슨 단체를 만들든 나의 관심사는
아니었지만, '한국스페셜티커피협회'라는 이름을 내건 단체라면
적어도 우리나라 스페셜티 커피에 대한 명분과 대표성을 가진
곳이어야 한다는 생각이 들었다.
특히 대외적으로 해외의 커피인들과도 교류를 하고 창구의
역할을 해야 한다고 여겼다.
그런데 이런 중요한 이름을 혹여나 유령 단체가 알박기로
선점하려는 것은 아닌가, 커피 문화 산업 발전에 저해되는 일은
아닐까 우려가 커졌다.
이대로 지켜만 보는 것은 커피인으로서 직무유기라는 생각이
들었고, 나에게 책임감을 불러일으켰다.
다행인지 그 조직이 불과 몇 년 지나지 않아 와해되었다는
소식이 들려왔고, 나는 사단법인 한국스페셜티커피협회(SCAK)를
창단하고 초대 회장으로, 그리고 선배 커피인으로서 겸허히
소임을 다하게 되었다.

어느 순간부터 갑자기 시간에 쫓기고 있다.
객관적으로 보면 딱히 걱정이랄 게 없다.
일부 사람들은 나를 두고 이미 성공했다고도 한다.
그런데 정작 나는 단 하루도 편한 날이 없다.
일이 많아서 그런 걸까. 욕심이 많아서일지도 모르겠다.
일이 안 풀려서 편치 못한 게 아니라, 내가 하는 일이
혹은 내가 보내는 시간이 내가 그토록 꿈꾸던,
그 트랙 안에서 있는 것인지 종종 의문이 든다.
가끔은 내 직업이 무엇인지, 내가 나를 두고 규정하는
내 직업은 무엇인지 아득해질 때도 있다.
남들은 내가 커피를 한다고 이야기하지만
그들이 말하는 커피와 내가 생각하고 있는
커피 사이에는 간극이 있다.
나는 '커피 작업자'라는 말을 자주 쓴다.
실제로, 작업자라면 작업에 가장 시간을 많이 써야 할 것이다.
작업이 일상이 될 때 '작업자'라는 말이 합당할 텐데······.
나는 작업자가 다시 되고 싶은 것일까.
작업자만큼 시간을 쓰고 있지 않다는 사실이
내 두려움의 이유였던 것 같다.
그동안 커피를 하면서 느낀 커피의
가장 큰 장점은 정직하다는 점이다.
단점도 마찬가지다.
정직하다는 것은 커피의 단점이기도 하다.

커피는 쉽게 편집이 되지 않는다.

커피는 작업자의 상황과 마음을 고려해 주지 않는다.

커피는 더함도 없고 덜함도 없다.

커피의 물성은 작업자가 제어하는 게 아니다.

작업자는 그가 잠시 다녀갈 수 있도록

문을 열어주는 역할을 할 뿐이다.

커피는 타협하는 걸 두고 보지 않는다.

커피가 보여주는 완벽은

재현을 약속하지 않는다.

커피는 늘 아닌 듯해도 결국은 한편이 되어준다.

커피는 초보자에게도 99점을 주지만,

10년을 바친 사람에게도 여전히 99점만 준다.

커피를 물보다 맛있게 만들 수 있는 확률은 1% 미만이다

커피는 가까이 있어도 멀리 있어도

늘 그리운 그대이다.

㉝ | '커피 속의 안명규'가 되리라   2010년

커피명가 창립 20주년을 준비하고,
사단법인 한국스페셜티커피협회의 초대 회장의 역할을 동시에
해내면서 나는 압박감과 책임감을 모두 느끼고 있었다.
그때 나에게 도움을 준 것은 역시나 커피였다.
고민이 있을 때면 항상 그래왔듯 산에 올랐다.
C.O.E에서 1등을 차지한 과테말라 엘 인헤르토 파카라마를
드립한 커피를 들고서.
그리고 생각했다.
이제 나는 커피를 좋아하던 안명규도,
커피명가의 대표 안명규도 아닌,
'커피 속의 안명규'가 되도록 내 모습을 새로 그려야 한다고.
무엇보다 신생조직인 협회의 내실을 다져야겠다는 구상이
따라왔다.
기존 국내 단체인 '한국커피연합회'와 '한국커피교육협의회'
두 곳과 밸런스를 맞추면서 세계 3대 스페셜티커피협회인
SCAA(Specialty Association of America), SCAE(Specialty
Association of Europe), SCAJ(Specialty Association of Japan)와
교류를 하겠다고 마음 먹었다.
다행히 이전에 안면이 있던 SCAA 설립자 '테드 링글'(Ted R.
Lingle)과 미팅을 할 수 있었다.
LA 사무실에서 만난 그는 당시 협회장인 '릭 라인하트'(Ric
Rhinehart)와 기술 디렉터 등 주요 인사들을 소개해주었다.
이날 미팅에서 SCAA 관계자들은 한국 커피가 발전하고 있다는

소식을 듣고 나에게 여러 질문을 던졌다.
한국 시장의 동력은 무엇인지, 커피 산업의 방향을 묻는
얼굴에는 궁금증과 함께 기대감이 묻어났다.
나는 특히나 같은 아시아권이지만 일본의 커피와 우리의 커피가
다르다는 것을 알리고 우리만의 정체성을 전달하기 위해 애썼다.
그리고 다음해부터 SCAA, SCAE, SCAJ를 비롯해 WBC(World
Barista Championship) 등 국제적인 커피 행사에 한국을 주요
초대 국가로 초빙하겠다는 약속을 받아냈다.
그동안의 커피와 관련한 민간 교류를 넘어서 협회 대 협회로
공적인 교류를 위한 첫 삽을 뜬 것이다.
이러한 성과 덕분에 뒤이었던 인헤르토 방문 여정은 한층
가뿐했다. 인헤르토 농장주도 자신의 일처럼 기뻐해 주었고
덩달아 신이 났다.
다음 날 새벽, 농장의 아침은 생각보다 더 드라마틱했다.
수확을 하는 농부들은 새벽 5시쯤이면 벌써 커피밭으로 향한다.
대체로 가족 중심으로 움직이는데 어린아이도 함께다. 걸음마를
뗀 아이는 종종걸음으로 움직이고 아직 새벽잠이 많은 아가는
엄마 등에 찰싹 달라붙어 있다. 그렇게 온 가족이 팀을 이루어
수확에 나선다. 그분들과 대화는 통하지 않지만 가벼운
눈인사를 건네고 아이들에게 사탕이라도 쥐여주면 금방 마음의
문을 연다. 작은 고사리손은 커피 체리를 만진 탓인지 끈적함이
느껴진다. 더불어 전해오던 온기와 수줍은 떨림은 기분 좋은
책임감을 지니게 한다.

어떻게 하면 이 아이들이 조금 더 웃고 살 수 있을까…….
과연 이 아이들에게는 커피 일이 주어질까…….
이 새벽 산책은 농장주도, 관리원들도, 동행한 동료들도 모르는 나만의 시간이다.
나 홀로 커피밭과 말하고 싶고, 나 홀로 커피나무와 체리를 만나고 싶을 때, 그럴 때면 아이들과 농부를 본다.
새벽 일찍 커피밭으로 향할 때 두 발로 느껴지던 땅의 기운이란! 밤새 얻은 생기로 옹골찬 체리의 모습을 보면 절로 신께 감사의 기도를 드리게 된다. 사랑과 새벽에 준비한 커피를 챙겨 농부에게 전한다.
그 농부는 자기가 수확한 체리가 어떤 맛을 내는지 알까.
그저 생계를 위하여 일을 할 뿐인 것일까.
농부에게 내 고마움이 전해지는지, 감사가 감사로 전해지는지 모르겠지만 가끔 농장주도 모르게 농부에게 커피를 건넨다.
느긋하게 커피를 느낄 겨를이 농부에게는 없다. 농부는 한 잔의 커피를 음미하기보다 어서 커피콩을 수확하기 위해 빨리 커피를 비우고 컵을 보따리 속으로 감춘다. 손 인사를 하고 떠나려는 순간 아이가 손을 내민다.
사랑의 화답인지 미래 농부로서의 증표인지 모르겠지만 그을린 고사리 손에서 내 손으로 전해진 것은 쌍둥이, 세쌍둥이 모양의 체리였다.
언제 땄는지…….
새벽 6시도 되지 않았는데.

가슴이 왜 그리 벌렁거리는지…….
새벽 산책 겸 잠시의 움직임 속에서 오만 가지 생각이 지나간다.
아침 6시가 되면 농장 사무실 앞으로 직원들의 호위를 받으며
위풍당당 걸어오는 농장주와 시차적응에 어려움을 겪는 우리
일행들이 부스스한 모습으로 나타난다.
농장주가 안내하는 농장 투어 시간이다.
세계랭킹 1위의 농장을 방문한다는 것, 세계랭킹 1위의 농장주를
만난다는 것, 세계 랭킹 1위의 커피를 마신다는 것은 뭘까.
아침 식사를 마치고 잠시 망루에 올랐다.
어제는 커피 업계에서 가장 영향력 있는 사람인 테드 링글과
환담을 나누고, 오늘 새벽에는 세계 1등의 커피밭에서
농부와 농장주를 만날 수 있는 사람이 나 말고 세상에 또 누가
있을까…….
"꿈 한 잔의 커피 그리고 밝은 세상"이라는 꿈 하나를 위해
달려왔는데, 그 정점이 여기일지도 모른다는 생각이 들었다.

㉞ 전 세계 스페셜티 커피씬의 리더, '테드 링글' 초청

2010년

LA에서의 만남 이후 한 달이 지난 2010년 3월 2일,
테드 링글이 한국을 찾아 메인 호스트인 커피명가가 있는 대구에
왔다.
마치 축구의 신 '펠레'가 작은 시골 학교 축구부를 찾아온 것과
같은 일이랄까. 우리나라 커피의 위상이 드디어 세계적으로
통하는 구나 싶었던 순간이다.
세계 커피의 변방, 특히 스페셜티 커피 세계에서는 더더욱
변방이었던 대한민국에 이제 스페셜티 커피가 제대로 정착할
것이라는 확신이 들었다.
무척이나 감격스러운 순간이었다.
그는 몇 가지 행사를 마치고 서울로 올라가 SCAK가 주관하는
커핑 세미나를 진행했다.
스페셜티 커피가 무엇인지, 스페셜티 커피 시장은 어떤 것인지,
한국의 커피가 좀 더 근본적으로 질적 향상을 하기 위해서는
무엇이 필요한지를 주제로 커피 업계의 리더들과 의미있는
시간을 가졌다.
이때 모인 100여 명의 커피인들이 발전의 자양분을 얻었다며
뿌듯해 했고, 전 세계 스페셜티 커피 씬의 리더인 테드 링글을
초청해 한국의 커피 애호가들과 스페셜티 커피에 대해 이야기를
나눈 것은 분명 우리나라 커피 업계의 중요한 사건이었다.

㉟ 커피명가 20주년,
한결 같은 어머니의 믿음

2010년

테드 링글 초청을 무사히 마치고 다가온 7월 23일은 커피명가가 창립 20주년을 맞이한 날이었다.

커피명가는 20주년 행사의 가장 중요한 프로그램으로 우리와 거래하고 있는 커피 생산지의 농장주를 초청해 생두 세미나를 열었다.

사람을 기분 좋게 하는 좋은 커피의 첫 번째 조건은 당연히 재료인 생두가 좋아야 한다는 것이 내 소신이다.

커피 농장을 찾을 때마다 농장주들은 자신의 농장에서 나오는 커피가 제일 좋고 특별하다고 소개하곤 한다.

자식처럼 키운 작물에 대한 자부심은 분명 거짓이 아닐 것이다. 하지만 작업자의 입장에서는 농장주들의 말만 듣지 말고 생두의 특징을 직접 눈여겨 살피면 같은 값을 들이고도 몇 갑절 좋은 맛을 찾을 수 있다.

내가 생각하고 실행하는 것들이 매번 최선이고 모범답안인 것은 아니겠지만, 서로의 사례를 나누고 생각을 주고받아야 서로가 가진 틈을 메꿀 수 있다고 믿는다.

생두 세미나 역시 후배들에게 도움이 되었으면 하는 바람으로 준비한 기획이었다.

또한 커피명가 창립기념 행사는 언제나 손님과 함께했다.

그 이유는 단순하다. 언제나 그분들의 에너지에 기대어 살아왔기 때문이다.

창립일 당일에는 생두 세미나 외에도 손님과 지인들을 초대한 음악회를 열었다.

느낌 있는 커피를 만들기 위해 음악의 힘을 빌린 것이 '명가 음악회'의 시작이었는데, 음악은 내가 손님들에게 커피를 표현하는 데에 있어 항상 좋은 매개체가 되어 주었다.
그중에서도 20주년의 주제가 된 특별한 손님은 바로 나의 어머니였다.
내가 감사해야 할 분들 가운데 단연코 1순위인 어머니.
커피를 만나고, 커피를 좋아하고, 커피를 업으로 삼는 모든 과정에서 인내가 부족한 내가 긴 세월을 버틸 수 있었던 것은 어머니가 나를 믿어주신 덕분이었다.
주변 이들이 다방을 하는 아들을 두었다고 수군대도 어머니는 흔들리지 않았다.
매일 20시간 넘게 일을 하고, 가족 모임과 명절에도 예외 없이 일을 하던 나를 어머니는 아들이 하는 일이 응당 맞으리라 여기며 믿어주셨다.
어떤 훈수도 두지 않고 그저 지켜보아주셨다.
어쩌면 그저 지켜보아주는 것이 가장 큰 응원일 것이다.
그때 어머니는 이미 치매를 앓은 지 몇 년이 지나 행사를 인지하지 못하는 상태셨다. 하지만 어머니와 함께 할 수 있는 그 순간이 나에게는 가장 큰 선물이었다.
축하해주러 모인 이들은 서로의 얼굴을 보면서도 그날의 광경이 믿어지지 않는다고 말했다.
행사에 모인 사람들은 저마다 성격도 상황도 달랐지만 커피를 통해서라면 우리는 모두 함께 웃고, 울고,

의지할 수 있었다.
커피는 늘 사람을 이어주는 존재였다.
그래서 커피는 그날 모인 우리를 동료로 만들어주었다.
좋은 커피 한 잔은 사람에게 좋은 에너지를 준다는 것을
다시금 확인하는 자리이기도 했다.
모든 행사가 끝나고, 나는 "이것이 나의 커피다."라고 적은
문구를 타임캡슐에 담아 땅에 묻었다.

㊱ 월드 바리스타 챔피언
'알레한드로 멘데즈'의 방문

2011년

2011년 6월, 콜롬비아 보고타에서 월드바리스타챔피언십(WBC)이 열렸다. 그에 맞춰 커피엑스포도 동시에 열렸는데, 앞서 SCAA와 합의한 것처럼 한국도 메인 호스트 국가로서 공식 참석할 수 있었다.

또한 WOC포럼에서 기조 연설자의 자격으로 SCAK 협회장인 나 역시 '스페셜티 커피 업계의 전망'이라는 화두로 발제를 할 수 있었다.

국제 행사에서 기관으로 인정 받아 처음 공식 무대에 오른 순간이었다. 그날의 발제자 중 처음 무대에 올라본 사람은 나 혼자였는데, 500여 명이 넘는 콜롬비아의 커피 생산자들이 내 발표에만 기립박수를 보내주었다.

내 이야기가 콜롬비아 커피의 애환을 잘 표현하고 수많은 농민들, 직접 생산자들의 응어리를 풀어준 내용이었기 때문이다.

컨퍼런스 무대 옆에는 WBC 결승전이 열리고 있었는데, 마침 내가 알고 있던 엘살바도르의 파카스 농장주 사촌이 운영하는 카페에서 파견한 선수가 세계 1등을 차지했다. 그가 바로 '알레한드로 멘데즈'(Alejandro Mendez)다. 나는 그 자리에서 바로 그에게 축하를 건네며 한국에 초청했고, 알레한드로는 2011년 11월 한국을 찾아 가장 먼저 대구의 커피명가를 방문했다.

세계에서 가장 영향력 있는 커피 업계의 스타들이 방문하고 우리나라 스페셜티 커피가 세계 시장으로 뻗어나가는 교두보 역할을 커피명가가 한다는 사실이 뿌듯하고 자랑스러웠다.
골프에 이른바 '박세리 키즈'가 있듯이, 커피에는 '알레한드로 키즈'가 있을 것이다.
우리나라 최초로 2019년 월드바리스타챔피언이 되었던 부산의 '전주연' 씨도 알레한드로를 트레이닝한 '페데리코 볼라노스'(Federico Bolanos)의 코치를 받았다고 알려져 있다.
어쩌면 우리나라 스페셜티 커피의 성장은 바리스타의 성장과 성공으로 가장 먼저 찾아온 셈이다.
SACK는 월드바리스타챔피언십과 커피엑스포 2011에 이어 SCAE(Specialty Coffee Association of Europe)가 주관하는 '유럽 커피 엑스포 컨퍼런스 런던'에 참가하였다.
이제 세계 속에서 한국 커피의 위상은 무시하지 못하는 위치로 자리를 잡아나가고 있었다.

㊲ | 다시 나의 자리로 2012년

2012년, 나는 SCAK 협회장의 자리를 내려놓고 다시 나의
자리로 돌아왔다. 4년간 바쁘고 정신 없는 시간을 보냈지만,
그만큼 우리나라 커피가 스페셜티 커피존으로 나아가는
토대를 만들었다고 자부했다. 협회장 자리에서 물러나자,
그동안 미뤄왔던 농장 방문을 재개할 겨를이 생겼다.
'동아프리카고급커피조합'(EAFCA) 초대에 응하는 것을
시작으로 케냐와 에티오피아를 다시 한번 방문했고,
7월에는 커피 대국 브라질로 향했다. 진작 브라질에 가서
좋은 농장을 개발해야 했다는 아쉬움이 컸다.
커피를 한다는 사람이 브라질 커피를 사용하지 않고
외면한다는 것은 어쩌면 지극히 위험한 행보이기도 했다.
그동안 미뤄왔던 숙제를 이제서야 시작한 기분이었다.
'브라질스페셜커피협회'(BSCA)를 찾아 브라질 커피 산업의
개요와 우리나라와의 무역 상황을 알아보고 나에게 맞는
커피존을 찾을 수 있는 힌트를 얻었다.
그동안 관심을 가져왔던 '미나스 제라스'(Minas Gerais) 지역의
농장에서 만난 커피는 기대 이상이었다. 왜 이제야 왔을까 하는
아쉬움 보다는 커피의 풍요로움과 풍성함을 알아볼 수 있는
여유가 생긴 지금이 좋은 기회라는 생각을 하기로 했다.
커피 박물관에서는 오래된 커피 선별기를 보고 마음을 빼앗겼다.
정말이지 너무 멋졌다. 우리나라에도 저런 선별기가 있다면
얼마나 좋을까. 그때 마침 다른 커피 박물관에 기증되려는
물건이 있다는 소식을 들었다.

마음이 급한 나머지 경비행기나 헬기를 타고서라도 그 물건을 가지러 가겠다고 가이드에게 말하자 그는 직접 운전을 해서 2천 킬로미터가 넘게 떨어진 곳에 나를 데려다주었다. 지금 커피명가 본점에 있는 선별기는 그렇게 들여왔다.

㊳ 카페의 사회적 역할을 고민한
커피명가 '라핀카'점

2013년

커피명가 창업 23주년을 맞는 2013년에는 나의 좌표를 다시 확인하고 싶었다.
내가 커피를 위해 해야할 일, 커피를 통해 사회에 해야할 일을 점검하기 위해서 커피명가 '라핀카'점이 탄생했다.
라핀카의 표면적 역할은 다음과 같다.
커피를 하는 사람으로서, 또한 커피 농장을 자주 다닌 사람으로서, 커피 농장의 모습을 사람들에게 보여줘야 할 의무를 다하는 것. 또한 내부적인 목표는 이랬다.
'배려를 통한 행복한 커피'의 메시지를 전하고 싶었다.
라핀카를 찾는 사람들에게 생각할 수 있는 시간을 선물하고 싶었다. 내가 만드는 맛있는 커피 한 잔으로 손님들의 기분이 좋아지고 편안해진다면, 같은 공간에 머무는 사람들 사이에도 배려와 행복이 흐를 거라는 믿음이 있다.
그리고 그 배려와 행복 속에서 커피맛과 기분이 더 좋아지는 선순환이 일어나는 것이다.
나는 이 배려의 영역을 좀 더 이끌어 내기 위해 '행복한 커피' 프로그램을 진행했다. 매일 오전 8시부터 9시에 천 원으로 커피를 판매하는 것이다. 바쁜 하루를 시작하는 아침에 저렴한 가격으로 맛있는 커피를 마신다면 사람들이 더 행복해지고 그 행복을 주변과 나눌 것이라 생각했다.
내 커피가 해야하는 일은 그런 거였다. 더 나은 삶의 모습을 만들어 나가는 것.

㊴ | 주전자와의 교감　　　　　　　　　　　2013년

커피를 만드는 바에 들어서면 제일 먼저 주전자에 시선이 간다.
대부분은 편안하게 자주 사용하던 주전자를 선택하지만,
가끔은 그날 유독 마음이 끌리는 것을 선택하기도 한다.
자주 사용하지 않던 녀석에 대한 미안함을 느끼기도 하면서.
바에서 커피를 내릴 때면 나를 지켜보는 사람이 있든 없든
언제나 살짝 긴장이 된다.
그 긴장을 풀기 위해 나는 자꾸만 주전자를 만지작거린다.
어떤 이는 긴장하면 결벽증이 있는 것처럼 주전자를 과하게
닦기도 하던데, 나는 주전자와 호흡하고 교감하는 걸 중요하게
여긴다.
빈 주전자를 감싸듯이 어루만져 보기도 하고, 그 감촉을
손바닥에 가만히 기록해 보기도 한다.
물을 데울 때도 굳이 온도계를 쓰지 않으려 한다.
손바닥에 전해지는 느낌만으로 커피를 내려도 될 것 같다.
물을 좀 더 데울지 말지는 주전자 표면에서 풍겨나오는 느낌에
의존해 결정한다.
타이머나 온도계에 의존해 만드는 커피보다 주전자와 교감하며
내린 커피의 풍미가 훨씬 좋은 것 같다.

⑳ | 카페의 가장 훌륭한 장식은
    손님의 멋진 태도   2013년

카페를 멋진 공간으로 만드는 데에는 여러 요소가 있다.
시간과 함께 쌓인 커피의 향, 작업자의 정중하고 정성스러운
태도, 분위기를 해치지 않는 가구와 주변 환경에 따라
들어오는 빛. 하지만 그 중에서도 카페의 가장 훌륭한 장식은
커피의 멋을 아는 손님의 태도다.

손님들이 서로에게 건네는 배려, 주인 또는 스태프와 나누는
가벼운 인사, 그리고 공간을 해치지 않으려고 사뿐사뿐 내딛는
걸음까지. 커피명가 라핀카점에서는 '묵언의 시간'이라는
프로그램을 진행했는데, 이때가 바로 손님들의 멋이 공간을
채우는 귀한 시간이다. '묵언의 시간'은 한 타임에 보통 3시간
정도 진행을 하는데, 나는 손님이 원하는 만큼 핸드드립 커피를
제공하고 손님들은 대화 없이 책을 보거나 명상에 잠기는
것이다. 둘이 와서 손을 꼭 맞잡고 눈을 감은 채 있기도 하고.
그런데 어느날 한 아주머니 손님이 하셨다는 말에 나는 빵
터지고 말았다.

"가족이라고는 뿔뿔이 흩어지고 혼자 사는데, 일주일 내내 말도
안 통하는 강아지랑만 비비고 살다가 겨우 친구 만나서 이야기
좀 할라고 왔는데 말을 하지 말라카니 무슨 이런 말도 안되는
곳이 다 있노?"

그 말을 전해 듣고 기분이 상하기는커녕 할 수만 있다면 커피
한 잔을 선물해드리고 싶었다. 아주 진하고 달콤한 커피를.

㊶ | 꿈틀대는 아시아 스페셜티 커피씬　　2014년

커피의 주력 생산지인 중남미를 다닌 지도 10여 년이 지나자
우리가 속한 아시아 커피에 대한 미안함이 피어올랐다.
처음 현지 농장을 방문한 것은 동남아시아의 인도네시아였는데,
그 이후로는 주력 생산지인 중남미에서만 시간을 많이 보낸
것이다.
그 사실을 깨닫자 미안함과 동시에 호기심도 꿈틀거렸다.
베트남, 라오스, 미얀마 등은 커피 산업이 태동하고 우리나라
못지 않은 커피 열기를 지닌 곳이었다.
특히 단숨에 세계 커피 생산 2위를 달성한 베트남에서
'커피 아웃룩'이라는 컨퍼런스가 열려 초청을 받게 되었다.
일본, 홍콩, 싱가포르 등 아시아의 커피 리더들이 한 자리에
모였다.
당시 베트남은 아직 스페셜티 커피가 시작되는 시점이라 체계는
잡혀 있지 않았지만 열정 만큼은 그 어느 나라 못지 않게 뜨겁고
저돌적이었다.
행사가 끝나고 얼른 농장에 가보고 싶었는데, 베트남 커피인들이
나를 붙들고 질문을 쏟아내느라 놓아주지 않았다.
그 모습에서 그 옛날 일본의 가쓰오 선생님이 나를 보며
'무서운 젊은이'라고 중얼거리시던 모습이 오버랩 되었다.

㊷ | 새로운 농장 파트너를 찾아 우간다로   2015년

세계 최고의 농장과 독점 계약을 맺고 장기간 유지한다면
물론 멋지고 자랑스러운 일이겠지만, 새로운 농장을 개척하고
그 농장이 더 나은 농장으로 진화하게끔 돕는 일이 나에게는
더 매력적으로 다가왔다. 그래서 틈만 나면 농장을 개척하는 데
에너지를 쏟았다.

그중에는 '우간다 프로젝트'가 있었다.
내가 거주하는 대구 인근에는 좋은 교육기관이 많다.
대구의 장점 중 하나가 잘 구축된 교육 인프라이기도 하고,
지역특화 분야 중 하나인 '새마을사업'을 배우기 위해 찾아온
유학생들도 많았다. 커피 생산지에서 온 엘리트 유학생들과 나는
자주 환담을 나눴다.

그들 대부분이 자국에 돌아가면 커피 생산 지역에 한국의
새마을사업을 적용시키고, 수도에는 한국의 카페와 같은
손기술과 서비스 마인드가 체화된 공간을 만들고 싶어했다.
특히 우간다에서 온 유학생 하나는 나에게 적극적으로 제안을
했다. 그는 우간다 엘곤산 인근의 한 지역에 스페셜티 커피를
생산할 수 있는 여력이 있다고 했다.

나는 단순히 개인과 생산지 사이의 거래 관계를 넘어서
공적개발원조(ODA)사업을 해보고 싶은 꿈이 있었다.
무역에만 그치는 것이 아니라 그곳 생산자들의 삶의 질을 높이기
위해 교육, 의료 분야가 발전하는 마중물 역할을 하고 싶었던
것이다.

내가 좋은 영향력을 미쳐 지역이 발전하면 더 질 좋은 커피가

생산될 테니 서로에게 얼마나 좋은 일인가!
이를 위해 내가 당장 할 수 있는 일은 품질관리(QC)에 에너지를
쏟고 선순환이 일어날 수 있도록 1차 생산분을 사입하여
소비해주는 일이고, 나는 그 일이 기적의 씨앗이 되리라
생각하며 우간다로 향할 준비를 했다.
모 방송사 PD가 내 생각에 응원의 한 표를 던져주며 동행했다.
목적지 엘곤산은 해발 4천 미터 이상인 우간다의 최고봉이었다.
그곳의 커피는 '마운틴 엘곤'이란 브랜드로 알려져 킬리만자로
커피에 버금가는 인지도를 지녔으나 불안정한 정세 등을 이유로
기술 지원과 가격 면에서는 평가절하된 곳이었다.
그곳에서 현지인들의 상황을 살피고 내가 할 수 있는 일을
찾으리라 마음 먹었다.
그리고 또 다른 목표는 나의 버킷리스트 중 하나를 실행하는
거였다. 그건 바로 나일강의 발원지인 '진자'(Jinja)를 찾아
그 물로 커피를 만들어 마시는 거였다.
발원지라는 단어만 듣고서는 막연히 옹달샘 같은 것을
떠올렸는데 실제로 가보니 엄청난 규모여서 그 자리에서
커피를 만들 수는 없었다. 그 물을 길러와서 커피를 마신 나는
거한 물갈이를 했다.
하지만 엘콘 커피의 맛은 무척 좋았다.
나일강의 발원지가 나를 겸허하게 만들고, 속에 있는 모든 것을
비울 수 있도록 도와준 것이다.
한국으로 돌아온 나는 커피명가에서 일하고 있는 우간다

유학생과 함께 세부적인 계획을 세우고 대구시에 제안서를 보냈다.

㊸ | 킬리만자로, 나의 버킷리스트　　　　　2015년

지금까지 나의 버킷리스트를 여럿 말했는데, 대부분이 커피와
관련된 것이다. 그중 하나를 더 소개하자면, 바로 킬리만자로 산
바로 아래에 커피 농장을 갖는 거다.
오래 전부터 알고 지낸 케냐 '골드락인터내셔널'의 '박상렬'
사장은 나만큼이나 커피를 좋아하는 좋은 파트너이다.
2007년 케냐 커피 농장을 개발할 때도 큰 역할을 해주었는데,
그해 낙찰 받은 '게뜸부위니'(Gethumbwini) 커피는 지금까지의
케냐 커피 중에서도 단연 최고였다.
일본의 모 회사에서 해마다 경매장을 싹쓸이 하다시피 가져가는
커피였는데 그해 우리가 낙찰 받았을 때는 얼마나 기뻤는지
모른다.
박상렬 사장도 기분이 좋았던지 나에게 킬리만자로 산 아래
개발한 농장 중 3000평가량을 선물로 주었다.
내 버킷리스트가 이뤄진 순간이었다. 하지만 농장은 척박하기
그지 없었다. 전기도 물도 없는, 때때로 킬라만자로 정상의
만년설에서부터 불어오는 찬바람으로 냉해를 입기도 하는
최악의 환경이었지만 그래도 좋았다.
만년설을 뒤로한 드넓은 지평선을 배경으로
'암보셀리 국립공원'(Amboseli National Park)의 코끼리 울음
소리가 들리는 곳.
그곳에 빨간 커피 체리가 열리는 모습을 상상해 보라!
아무리 농장을 운영하는 일이 무모하고 힘이 든다고 해도
커피를 꿈꾸는 이들이라면 하지 않을 수가 없는 일이 아닌가.

하지만 안타깝게도 나에게 농부의 재능은 없었다.

3천 평 농장에 100주의 커피 나무를 심어야 했는데 내가 얼마나 어설펐던지 마사이족 추장이 동료들에게 좀 도와주라고 지시할 정도였다. 그래도 이 작은 묘목에서 커피 체리가 열리면 나눠줄 주위 사람들을 한 사람 한 사람 떠올리며 괜히 마음이 뿌듯했다.

㊹ | 인헤르토 농장에서 찾은 나의 몫　　　2017년

인헤르토 농장주인 아뚜루와 약속한 게 있다.
홀수 해에는 내가 농장을 방문하고, 짝수 해에는 농장주가
커피명가를 방문하는 것이다.
이런 상호 교류를 통해 농장주는 본인이 키운 농장물이 어떻게
작업 되는지, 고객들은 그 커피를 얼마나 즐기는지 직접 보게
되고, 자신의 일에 자부심과 보람을 느끼게 된다.
나도 마찬가지다.
내가 손님들에게 내어주는 커피가 어떤 과정을 통해 생산되고
그 커피를 생산하는 이들은 어떻게 살아가고 있는지를 보면서
무한한 책임감을 얻는 것이다.
직접 농장에 가서 여러 사람이 땀 흘려 커피 콩을 수확하는 것을
보면 매번 색다르다.
언젠가 아뚜르가 나에게 한 이야기 중 사무치는 말이 있었다.
많은 바이어가 숲이 있다는 사실에 고마워 하면서도, 그 숲을
유지하기 위해 노력하는 바이어는 없다고.
나는 그 말 속에서 느껴진 그의 애환에 충분히 공감했다.
그리고 숲을 지키는 자리에 나의 몫을 더 마련해야겠다는
다짐을 했다.

㊺ 커피명가의 파트너,
인헤르토 농장의 아뚜루

2018년

2018년에는 인헤르토의 아뚜루가 그의 친구이자 프로모션 담당자인 마르코와 내한을 했다.
아뚜루는 한국에 오면 그동안의 이야기 보따리를 잔뜩 풀어놓는다.
이미 10년 이상 커피명가의 파트너로서 독점적인 계약관계를 유지하고 있음이 알려졌는데도 1년에도 몇 번씩 한국의 다른 회사에서 노선 변경을 제안하는 일이 있다는 말을 할 때는 그도 나도 고개를 절레절레 저을 수밖에 없었다.
처음에는 이런 이야기를 들으면 화가 났지만, 이제는 안타까울 뿐이다.
질서와 원칙을 깨면서까지 커피를 구하려 하기 이전에 커피명가가 그려놓은 독점적 다이렉트 트레이딩의 방식을 이해하면 좋을렌데 말이다.
사람들은 우리가 독점을 통해 폭리적으로 유통시장을 점유하거나 세계적인 이름값이 있는 농장을 활용하려 한다 생각할지 모르지만 사실은 전혀 아니다.
우리가 독점적 다이렉트 트레이딩을 하는 가장 큰 이유는 농사 짓는 사람에게 매년 팔아야 하는 부담을 줄여주어 농사에 집중하는 환경을 만들어주기 위해서다.
농장의 품질에 기대야 하는 나로서는 그들에게 안정성을 주는 것이 무엇보다 중요하다.
지속적인 피드백을 주고 받으며 맛에 대해 이야기하고 내년의 농사법은 또 어떻게 새로운 프로세싱을 적용할 수 있을지

고민을 나누는 커피공동체로서 공동생산에 참여한다는 생각을 하고 있는 것이다.
때문에 인헤르토 농장에서 수입된 원두는 커피명가의 공동생산품으로서 커피명가 고객들이 우선으로 사용한다. 여기에 최소한의 여지를 두어 해마다 20퍼센트는 커피계의 동료들과 나눈다.
이것이 내가 생각하는 농장에 대한 예의다.
이런 나의 생각에 공감하며 함께하는 아뚜루는 소중한 파트너다. 그는 한국을 방문할 때면 따끈따끈한 샘플을 직접 들고 오는데, 퍼블릭 커핑이든 비즈니스 커핑이든 몇 차례를 공개 행사로 진행한다.
그리고 작년과 올해는 어떻게 느낌이 다르고 맛이 다른지, 그 변화 포인트는 무엇이라고 생각하는지에 대해 많은 이야기를 나눈다.
그럴 때 나는 우리가 동료라는 충만한 온기를 느낀다.

㊻ 우간다의 커피인, 그의 한 순간

2019년

'우간다 농업협동조합'(COOPERATIVE UNIONUGANDA)에
방문했다. 오전에는 공장에서 품질관리에 대한 프로세스
설명을 듣고 그들이 제공하는 직원 식당에서 중식을 먹고
나오는 길이었다.
공장 노동자인 듯한 사람이 창틀에 기대어 휴식을 취하고
있었다. 때마침 스콜이 세차게 뿌리고 있는 상황이라
그가 다른 곳으로 가기가 쉽지 않아 보였다. 바닥도 딱딱해
보이고, 빗방울도 날리는 상황이었는데 이상하게도
그 자리가 그의 오랜 휴식처로 보였다.
그가 들고 있는 플라스틱 컵에는 커피가 담겨 있었지만,
그 커피가 스페셜티 커피는 고사하고 커피 찌꺼기로 만든
커피일 것은 굳이 확인해보지 않아도 알 수 있었다.
하지만 그런 외부의 판단과는 상관 없이
그가 한 모금 한 모금 커피를 마시는 그 한 순간은
세상에서 가장 멋지고 편안해보였다.
나는 나도 모르게 중얼거렸다.

"그래, 저게 커피지."

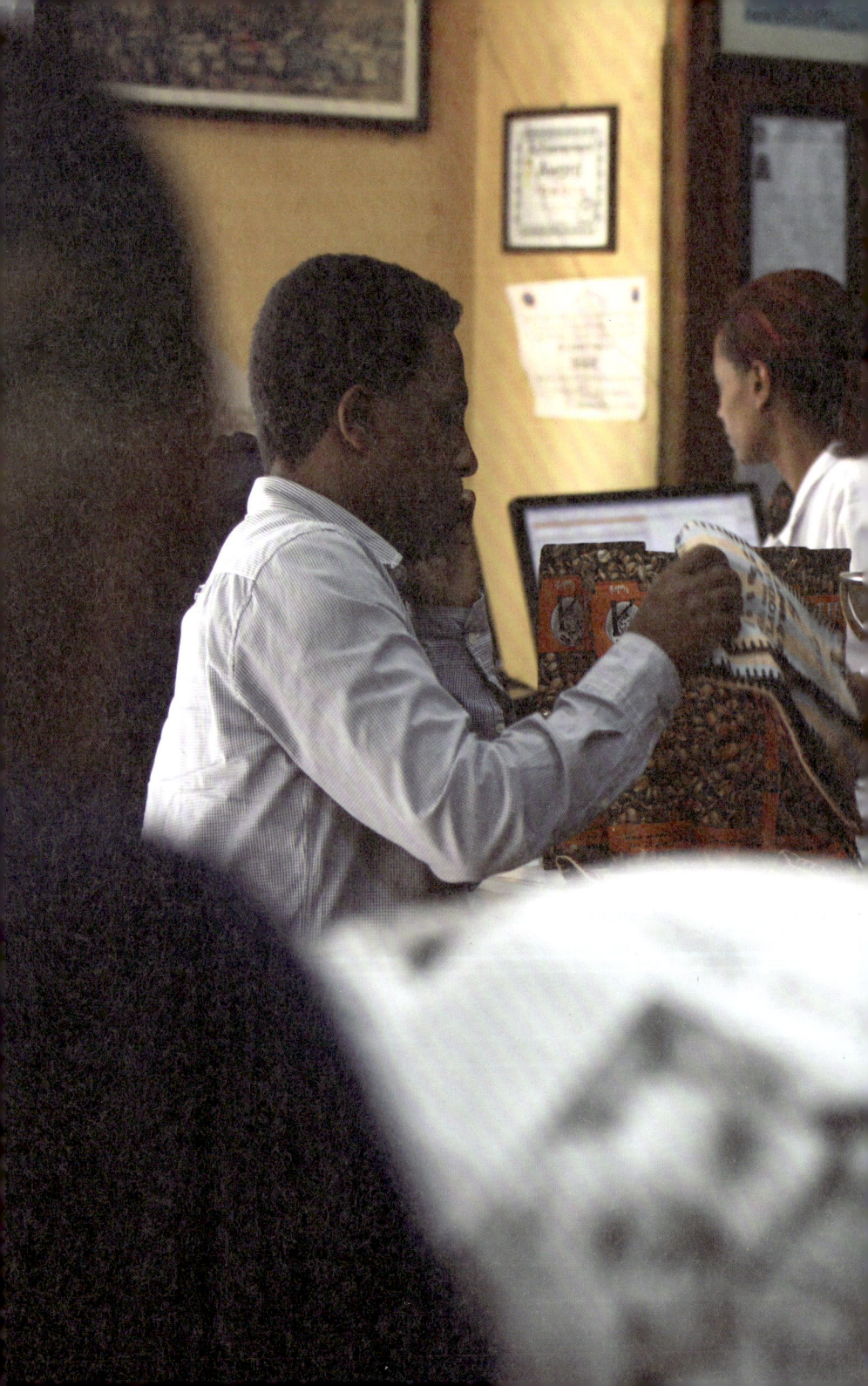

㊼ 한국 커피와 일본 커피

2020년

2020년, 이제야말로 한국 커피와 일본 커피를 제대로 비교해 보고 싶었다. 30년 동안 커피를 하면서 내가 그토록 일본을 이기고 싶어했던 이유를 아마 제대로 아는 사람은 아무도 없었을 것이다.

지금 활동 중인 한국의 커피인 후배들은 우리가 일본을 능가하고 더 뛰어난 모습을 보이는 것을 알고 있기에 굳이 일본이라는 나라를 목표로 잡지는 않을 것이다.

하지만 오래 전 내가 커피를 시작했을 때는 지리적으로 가까우면서도 세계 최고라 해도 과언이 아니었던 일본 커피가 자연스럽게 비교의 대상이자 뛰어넘어야 할 목표가 될 수밖에 없었다.

2020년, 일본의 스페셜티 커피 시장의 중심에 서 있는 사람은 '마루야마 켄타로'였다. 1991년부터 커피를 시작해, 줄곧 스페셜티 커피를 지향해온 사람. 초창기에는 큰 주목을 받지 못했지만 지금은 국내외적으로 인정받는 셀럽이다.

'가루이자와'라는 작은 도시에 위치한 '마루야마 커피' 본점은 상당히 큰 규모로 손님들을 맞이하고 있었다. 그곳에서 나는 손님 수를 헤아리기 보다는 커피에 대한 그의 생각과 공간을 찾는 고객들의 생각, 커피에 대한 기준이 어떤지를 관찰하려 애썼다. 그리고 그의 커피를 마셔보았다. 그 커피에는 그의 성품과 그가 커피를 통해 하고 싶은 말이 담겨 있었다.

나는 마루야마와 만나 비로소 한국의 커피와 일본의 커피가 서로를 인정하고 응원하는 시간만이 남았음을 받아들였다.

㊽ 커피명가 30주년, 새로운 버킷리스트   2020년

한때 '1만 시간의 법칙'이라는 말이 유행했다.
한 분야에 1만 시간을 투자하면, 그 분야의 전문가가
된다는 것이 해당 법칙의 요지였다.
나는 1만 시간의 10배 정도 시간을 쏟은 뒤에야
비로소 커피를 제대로 볼 수 있게 되었다.
내가 내리는 커피잔 밖의 세상을 보게 된 것도 그 무렵이다.
커피 체리도 보이고, 농장과 산지도 눈에 들어왔다.
왜 커피는 내게 1만 시간을 넘어 10배의 시간을 요구했을까.
2020년, 나는 커피명가 30주년을 맞아 사옥 완공을 새 목표로
삼았다.
그리고 앞으로 10년 동안 이루어낼 버킷리스트를 새롭게
작성했다.
사옥 설계는 건축가 몫이지만, 공간의 콘셉트 만큼은
어디까지나 나의 영역이었다.
사옥 예정지는 도심 근교의 생활농업지역이었다.
작은 강을 끼고 있어 목가적인 느낌을 주는 장소였다.
편안하고 안정감을 주는 입지가 마음에 들었다.
건축가에게 내가 추구하는 사옥의 콘셉트를 전했다.
특별히 뛰어난 건축물을 원하는 건 아니었다.
나는 사옥이 이질적이지 않고, 주변의 풍경과 조화를
이루기를 바랐다.
원래 과수원이었던 부지인 만큼 과수원을 모티브로 해,
풍요로운 창고 느낌을 주는 것도 좋겠다 싶었다.

사옥을 찾는 이들에게 좋은 커피를 대접하는 것에서 더 나아가 정서적인 보상을 해주고 싶었다.

과한 인테리어를 배제하고, 바깥 소음을 차단하는 데 더욱 신경을 쓴 것도 그 때문이었다.

건축 과정에서 환경적인 측면도 고려했다. 로스팅 단계에서 버려지는 열에너지를 회수해 카페 난방에 쓰도록 했다.

향에도 신경을 썼다. 로스팅 이후 디게싱(Degassing) 과정에서 나오는 향은 커피 관련 공정에서 맡을 수 있는 가장 좋은 향을 자랑한다.

우리는 그 커피향을 공기에 담아 첫 손님이 문을 열고 들어올 때쯤 출입문 쪽으로 흘렸다.

커피명가 본에서 펄럭이는 천, '윈드삭'의 움직임과 함께 출입구에서 맡을 수 있는 커피향은 커피명가의 시그니쳐가 되었다.

㊾ 코로나를 딛고, 힘내라, 커피명가!

2020년

2019년 말에 시작된 팬데믹은 2020년이 되자 대구 지역을
강타했다.
커피명가를 운영하는 동안 IMF의 위기도 있었고
고유가로 인한 커피 원두값 폭등 등 적잖은 어려움을 겪기도
했지만 팬데믹은 그 모든 것을 합친 그 이상의 고통이었다.
과히 쓰나미급의 폭풍이었다. 많은 동료들을 잃었다.
폐업하는 동료들을 보며, 큰 환란 속에서 커피를 위해 내가
할 수 있는 일이 무엇인지, 커피를 통해 세상에 할 수 있는 일은
또 무엇인지 그 어느 때보다 절실하게 생각했다.
그렇게 숨이 막혀갈 때쯤 한 통의 메일을 받고 나는 한참을
울었다.
메일에는 사진 한 장이 첨부돼 있었다.
"힘내라 커피명가!"
과테말라 인헤르토 농장의 아뚜루가 커피콩으로 쓴 글자
'힘내라 커피명가'가 담긴 사진을 보내온 것이었다.
농장 파티오를 화폭 삼아 그려준, 그야말로 작품이었다.
그 한 마디를 위해 엄청난 커피백을 사용한 것처럼 보였다.
더구나 아뚜루는 한글도 잘 모를 텐데…….
참으로 눈물겨운 응원이었다.
더 이상 주저앉아 있을 수는 없었다.
당시 카페는 식당과 달리 '영업중지' 등 부당한 대우를 당했다.
카페가 10만 개가 넘건만, 누구도 정부의 판단에 이의를
제기하지 않았다.

커피 업계의 선배로서 나서야 했다. 이를 위해 매거진 발행인, 몇몇 후배들과 대안을 모색하기도 했다.

잊고 있던 기억이 났다. 커피 업계가 커지면서 자연히 여러 문제들이 나타나기 시작했다.

스타벅스 등 세계 굴지의 커피 기업들이 소도시 골목까지 파고들어 커피 생태계를 교란하는 것도 문제 중의 하나였다. 그때도 몇몇이 뜻을 모아 문제 해결을 위한 모임을 추진하기도 했었다.

커피를 즐기는 사람이 투사가 되어야 할 때, 괴롭기 그지없다. 함께 나서는 사람도 별로 없다.

하지만 그렇다고 해서 나서지 않을 수는 없다.

나는 커피를 지키기 위해서라면 언제나 싸워왔으니까.

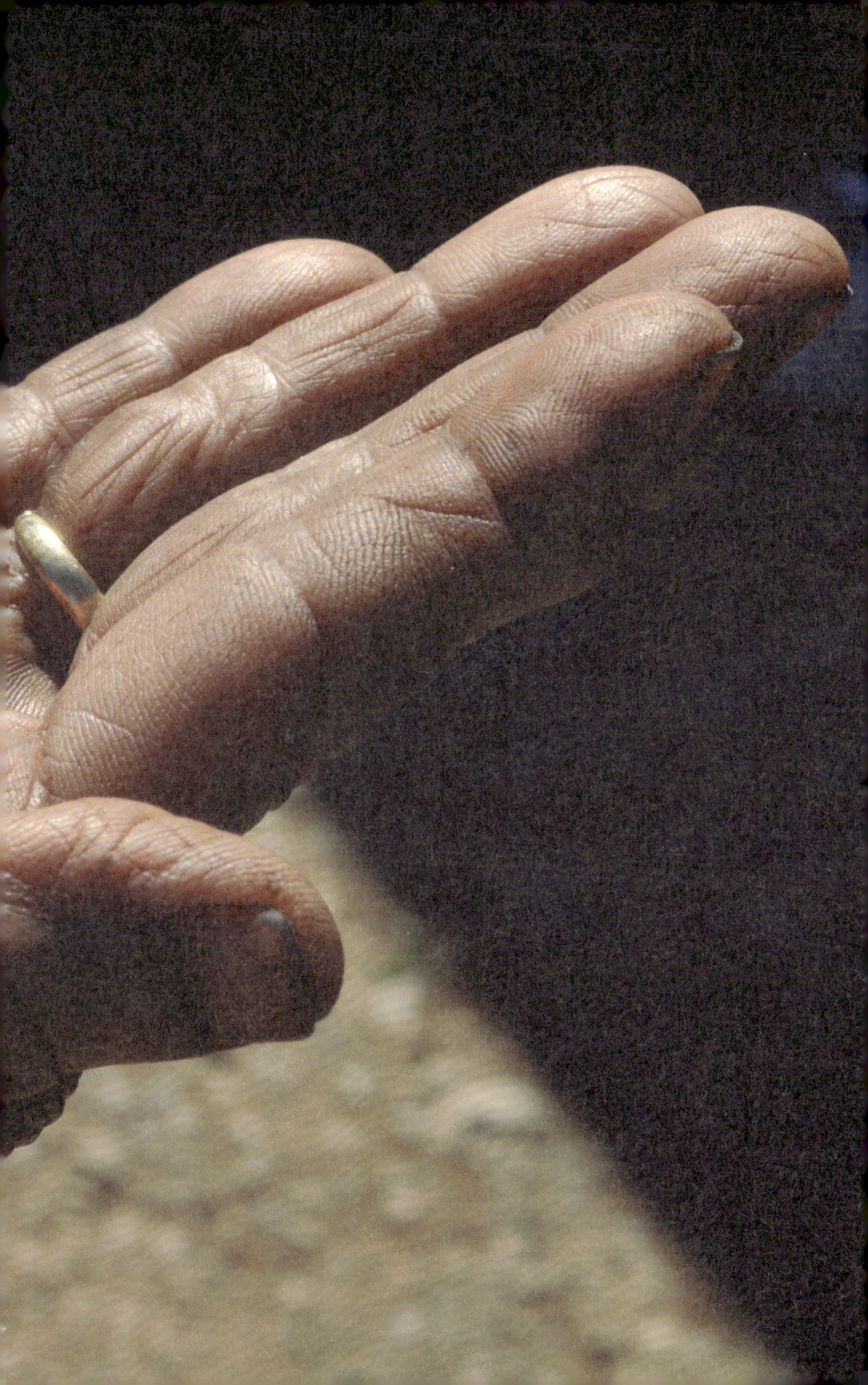

많은 시간을 조금은 잘하기도하면서
좋아하는 커피와 함께 지낼수 있었음은 행운이다.
단 하루도 커피와 비껴 살지는 않았지만
그래도 아쉬움이 남는 여정이었다.
그동안 커피의 매혹과
가족, 지인, 팬들의 격려와 기대
이해와 용서로 여기까지 도달할 수 있었다.

그래서 가끔 커피를 제외하면 나에게 뭐가 남아있을까 고민할 때
첫째 아이의 "아빠는 경험적 소비를 실천하셨어요."라는
이 한 마디로 모든 틈이 메워졌다.

가족들에게 빚을 많이 졌다.
안나, 성경, 요셉 그리고 박명숙.
회사에도 빚을 많이 졌다.
지금의 명가에는 정은경 대표의 공이 크다.
커피와 경영, 두 분야 모두 진심인 사람은 드물다.

고마운 친구도 있다. 김진복.
어머니와 똑같이 무조건 나를 믿어주었다.

㊿ | 늘 꿈꾸던 카페, '커피명가 본'　　　　2021년

커피를 만드는 일의 가장 근사한 순간은 내가 만든 커피를
좋아하는 고객이 생기는 것이다.
내 커피를 좋아하는 팬이 생기고, 그 팬으로부터 존중받으며
일하는 것. 또한 그곳이 내가 꾸린 내 공간이라면, 언제 생각해도
참으로 근사한 일이다.
여기에 커피에 몰입하기 위해 자신을 적절히 격리할 수 있는
환경, 세계 최고의 커피 콩들을 맘껏 선택해 작업할 수 있는
환경이 더해진다면 그야말로 최고일 것이다.
'커피명가 본'은 커피 애호가들이 커피를 즐길 수 있는
최적의 환경을 제공하기 위해 다각도로 기획된 공간이다.
입지부터 실내 디자인, 커피를 다채롭게 즐기기 위한 메뉴
구성까지 어느 하나 소홀하지 않았다.
눈, 코, 입, 귀의 모든 감각으로 커피를 경험할 수 있도록
만들어진 곳.
커피가 주인공이자 커피를 마시는 이가 주인공이 될 수 있도록
마련된 공간이라고 감히 자부한다. 여기에 커피 작업자인 나를
위해서도 최상의 환경이 아닐 수 없다.
내가 딛는 커피 바의 바닥은 나무로 시공했다.
대개 주방 바닥으로 물에 취약한 원목은 피하는 편이지만,
아마추어가 아닌 프로라면 물을 떨어뜨릴 걱정은 할 필요가 없을
것이다.
오히려 나무는 서서 일하는 사람의 피로도를 낮춰주고,
간혹 잔을 떨어뜨리는 일이 있더라도 요란한 파열음에서 벗어날

수 있게 돕는다.

자연 채광도 중요한 고려사항이었다. 갓 내린 커피의 색상이 왜곡 없이 표현되어야 하기 때문이다.

하얀 도자기 안에서 나타나는 각각의 컬러감은 그 자체로 커피맛을 연상시킬 수 있어야 했다.

먹물 같은 커피, 호박색의 커피, 루비 같은 커피…….

그림자가 생기면 맛의 신뢰도가 떨어지기 때문에 작업자의 도구를 두는 위치 하나하나까지 고심했다.

내가 항상 꿈꿔왔던 카페다.

커피를 내리는 데에 최적의 공간이고, 세계 제일의 생두를 키워내는 농장과도 연결되어 있다.

그뿐인가. 적절한 온도와 습도 속에 콩을 보관할 창고도 있다.

이 모든 것은 내 능력을 자랑하기 위해 마련한 게 아니다.

그저 완전한 커피 한 잔을 내리기 위한 내 최선의 노력일 뿐이다.

주전자를 처음 잡은 그 순간 했던 약속, 커피에게 받은 것을 커피에게 돌려주겠다는 그 약속을 지키기 위해 나는 오늘도 커피바에 선다.

(51) | '나의 커피'에서 '우리의 커피'로

2023년

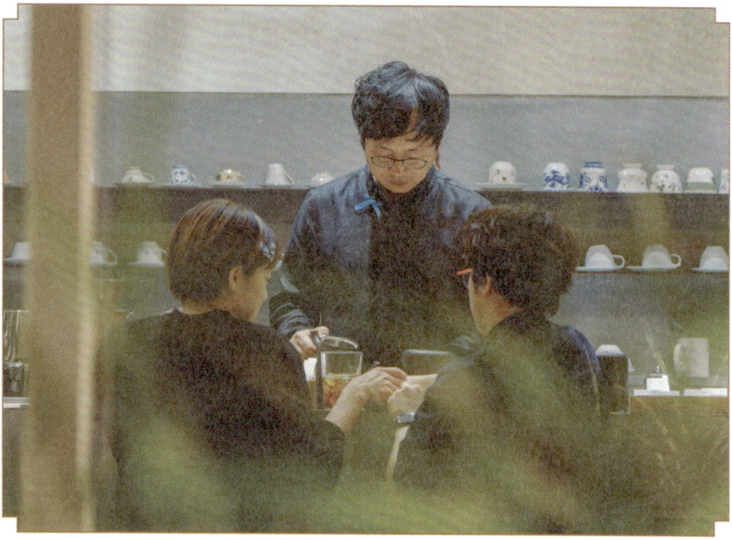

2023년이 시작되면서 커피를 향한 내 마음은 '일단 멈춤' 상태다.
그동안의 책임이 무거웠던 데 대한 반작용인지 다소 무기력한
상태가 되었고, 그 김에 조급함도 내려놓기로 한 것이다.
속도를 줄이니, 그동안 보이지 않던 게 보인다.
나도 모르는 사이에 나는 나만의 욕심에 찌든 커피를 하고
있었던 건 아닐까. 커피를 향한 나의 열망으로만 달려나가고
있었던 게 아닐까. 인생의 반 이상을 커피에 쏟아 넣었다.
커피만을 위하여 살아왔다고 해도 과언은 아닐 테다.
커피를 좋아하는 만큼 세상 끝까지 가볼 수 있었던
내 커피 여정이 정확히 한 바퀴를 돈 느낌이다.
그 시간들이 아깝거나 허무하지는 않다. 다만 이제는 '나의
커피'가 아닌 '우리의 커피'를 만들어야겠다는 생각이 든다.
그동안 나만큼 절실하게, 깊이, 많이, 커피를 사랑한 사람이
있을까. 이 자부심 하나만으로도 나는 행복한 사람이다.
그리고 이제는 나보다 더 뛰어난 열정을 가진 커피인이 있을
것이다. 나보다 더 커피를 잘 내리는 사람도 많아졌다.
나보다 더 좋은 커피를 골라올 수 있는 사람들도 적잖이 생겼다.
나보다 더 커피를 사랑하는 사람도 여럿일 것이다.
그 때문일까.
커피 릴레이의 첫 번째 주자로서의 임무가 끝난 느낌이다.
나는 첫 주자로서, 정말이지 마음껏 달렸고 이제는 배턴을
넘겨줄 준비도 되어 있다고.

㊾ | 비로소 깨달은 신이 주신 선물   2023년

다시금 과테말라로 향했다.

커피밭에도 한 번 가보지 못한 놈이 무슨 커피를 한단 말인가 싶어 커피농장을 방문한 지도 벌써 20년이 넘었다.

커피농장을 가봐야만 우리나라 커피가 한 단계 더 성장할 것이라는 의무감에 떠밀려 중남미 커피 산지를 방문하기도 했었다.

이제는 나보다 커피 산지를 더 열심히 다니는 후배들도 많이 늘었다. 40킬로그램에 가까운 짐을 이고 몸을 움직였던 20년 전의 내 모습이 생생하다.

농장을 기록하기 위해 챙긴 캠코더, 카메라 렌즈까지……. 무장한 용병의 모습과 다를 바 없었다. 그때만 해도 요즘처럼 일정이 체계적으로 돌아가지 않았다. 현지 코디네이터도 없이 혼자서 뛰어다녔던 시절이다.

이번 투어에는 아끼는 후배 두 명과 커피와는 관련이 없는 오랜 친구와 동행했다. 커피 관련 일정은 후배들에게 일임한, 편한 여정이었다. 후배들을 뒤따라 가기만 하면 재미가 없을 줄 알았는데 또 새롭게 보이는 것들이 많았다.

신의 마음을 감동시킬 만큼 커피를 해야 한다는 생각을 그동안 내려놓지 못했다. 그 생각을 내려놓는 순간, 파계를 선언하는 것이나 마찬가지라고 여겼다.

그런데 후배들을 따라다니다 보니 알겠다. 이미 신께서 감동 받은 나머지, 나에게 무한한 에너지를 주셨다는 사실을 깨닫게 된 것이다.

커피를 향해 미친 듯이 달렸던 열정이 내 목표와 신념에 의한
것이라고 생각했는데 아니었다.
신이 이미 주신 선물을 알아차리지 못하고 미련하게 살아왔던 건
아니었을까.
커피를 통해 이루어진 내 삶의 모든 여정에 감사하며 커피와
커피를 즐기는 모든 이들에게 고마움을 돌려줄 때임을 이제
알겠다.

커피를 하는 사람은?

마음이 따뜻한 사람이 하면 커피가 따뜻하고

마음이 밝은 사람이 하면 커피가 밝고

마음이 맑은 사람이 하면 맑은 커피도 있다.

커피를 하는 사람 중에는

커피에 마음을 담아주는 사람이 있고

커피에 사랑을 담아주는 사람이 있고

커피에 기쁨을 담아주는 사람이 있다.

때로는 커피가 말하지 않는 커피로 좋다.

커피가 너무 많은 말을 전하면 피곤하다.

때로는 커피가 아무 맛도 느낌도 없이

그냥 증류수 같이 나와도 좋다.

나는 그동안 맛있는 커피를 위하여 존재했다.

때로는 맛이 있어야 자체로 정직이고 가치라고 여길 때도 많았다.

커피는 향을 조금 빼고 마셔도 좋고

조금 힘이 없는 커피를 마셔도 좋다.

편안한 커피가 좋다.

커피 선후배의 대화록

커피명가 안명규 X 메쉬커피 김현섭, 김기훈

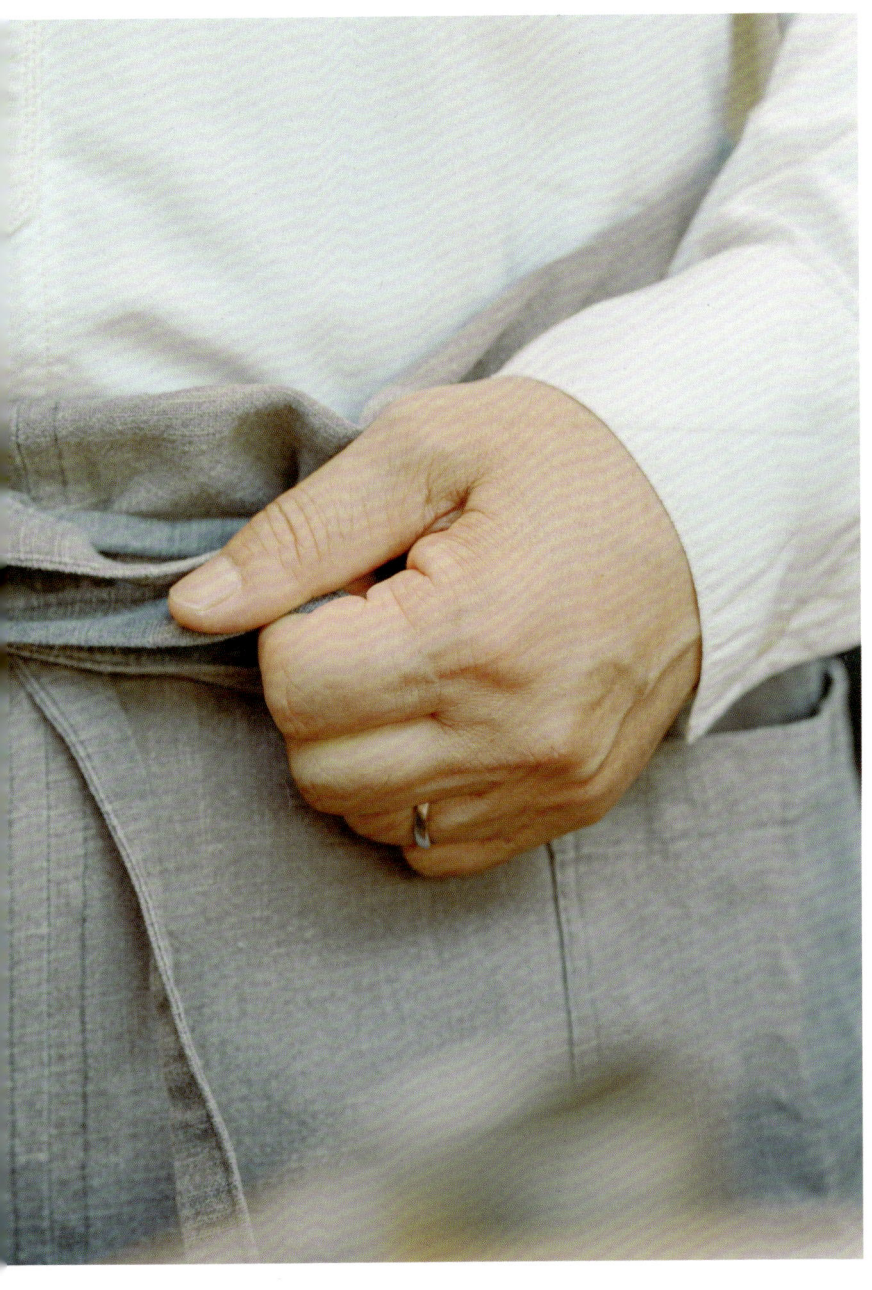

카페쇼 현장에서 선배님이 드립을 하시는 모습을 본 적이 있어요. 2023년이었는데, 솔직히 압도되는 느낌을 받았습니다. 너무 멋있었어요. '나는 아직도 내가 직접 커피 내려.' 그런 선언이랄까, 여전한 현역의 풍모랄까요. 그래서 오늘 이야기를 나누기에 앞서 선배님이 내려주신 커피를 한 잔 마시는 영광을 얻을 수 있어서 무척 기뻤습니다. 제 자녀들이 초등학교 4학년과 2학년인데요, 누가 부모님 직업을 물으면 "우리 아빠 카페에서 커피 만들어. 우리 아빠 바리스타야." 이렇게 말하면서 아주 자랑스러워 해요. 그런 근간을 만들어주신 분들 중에 선배님이 계시고 늘 감사하게 생각하고 있습니다.

지금은 상상할 수 없겠지만 어떤 시절엔 '카페'라고 하면 음성적인 영업을 하는, 유흥업소라는 의미였죠. 이제는 아니잖아요. 커피를 즐기고 공간을 즐기는 문화를 만들기 위해 노력한 1세대로서 해야할 일이 있다는 사명감을 항상 가지고 있어요. 나 개인으로서 하고 싶은 일은 단순하죠. 좋은 커피를 만드는 일. 사실 난 그게 제일 좋은 사람이에요. 누구든 아무말 없이도 커피 한 잔을 마시고 기분이 좋아지도록. 그런데 한편으로는 내가 바라는 일들을 위해 힘을 빌려온 분들이 있었으니까, 나도 내가 해왔던 일들을 정리하면서 경험을 공유하고 또다른 비전도 같이 만들고 책임져야 할 것들은 책임지는 일들도 하고 싶어요. 오늘의 대화도 그런 일 중에 하나죠.

이런 말씀을 들으면 선배님은 좋은 기업가이기도 하지만 좋은 리더라는 생각이 절로 들어요. 끊임없이 더 큰 생각을 하시고, 후배들과 이어달리기를 해주시는 느낌이랄까요.

지금은 인정 받지 못하더라도 분명 필요한 때가 올 거라고 생각하는 일들을 해왔어요. 그렇게 한 시대, 어떤 시절이 지나면서 점차 내가 머릿속으로 생각만 했던 것이 실제로 구현이 되면 자부심을 느끼죠. 옛날에는 혼자 이만큼 했는데, 이제는 수많은 사람들과 같이 하고 있다는 감각. 그러니까 정말 이어달리기,

릴레이를 해야죠. 서로가 서로를 이끌어주면서. 누구 한 사람이 뛰어나서 잘하는 게 아니라 그때 살아 있는 사람, 할 수 있는 사람이 움직이면서요. 그게 중요하다고 생각해요. 그래서 나도 해왔던 거고요.

선배님의 해오신 일들에 대해 자세히 이야기를 들어보고 싶어요. 먼저 한국 스페셜티 커피의 태동은 1980년대 후반부터라고 할 수 있잖아요. 선배님도 그때부터 커피를 시작하셨죠. 1988년 서울올림픽 이후 1989년에 해외여행이 전면 자유화되면서 국제 교류도 활발해졌고, 그 영향으로 서울에도 모던 카페들이 등장하고, 커피를 탐구하려는 사람들도 생겼으니까요. 그 당시 한국보다 먼저 커피 문화가 자리잡았던 일본의 커피를 많은 이들이 동경했다고 알고 있어요. 저로서도 1900년대 초에 제작된 로스팅 기계나 그라인더 같은 걸 자랑스럽게 진열해둔 일본의 커피점들을 보면 부럽기도 하고, 이기고 싶은 마음도 들거든요. 선배님께서 직접 겪으신 당시의 분위기가 궁금해요.

나는 일본 커피의 기술과 문화를 훔쳐야 한다고 생각했어요. 또 한편으로는 그들과 경쟁해야 한다고 생각하죠. 가깝게 지내면서 교류하고, 그러면서도 경쟁하며 나아가야 한다고. 지금은 그렇지만 그때는 일본의 커피를 너무나 배우고 싶었죠. UCC도 너무 가보고 싶었고. 현해탄을 수영해서라도 가고 싶을 정도로 간절했죠. 지금이야 일본 가는 게 너무 쉽고 물가도 서로 비슷하지만, 1990년대 초에는 일본 가는 항공료만 50만 원이었어요. 엄청 비싸죠, 체류비는 말할 것도 없고. 게다가 제일 중요한 비자가 잘 안 나와서 문턱이 높았어요. 그때 제 나이가 스물다섯 즈음이었는데, 비자가 안 나와서 일본에 갈 수가 없는 거예요. 그러다 갑자기 머릿속이 번쩍하더라고. 그래서 밤차를 타고 무작정 서울을 가서 거기서 지하철을 타고 공항에 간 거예요. 만 엔짜리를 넣은 봉투 세 개를 만들어서, 당시 환율로는 한 10만 원 정도였을텐데, 그 봉투를 들고 있다가 하네다 공항으로 가는 비행기를 타는 승객 중에 마음 좋아 보이는 아저씨한테 다가가서 말했죠. "선생님, 제가 커피하는 사람을 배우고 싶은 사람인데, 저는 일본에 못 가니 혹시

실례가 안 된다면 일본에서 책을 좀 구해다 주세요." 그렇게 세 분에게 부탁을 한 거예요. 그때는 그만큼 갈급했어요. 책이라도 찾아보고 배우고 싶은 마음이. 그 중 두 분은 먹튀를 하고 (웃음) 한 분이 책을 구해다 주셨죠. 너무 고마운 마음에 그분과 연락을 계속 주고 받다가 나중에 80세 되던 그분을 저희 회사에서 고용을 해서 3년 동안 같이 일을 하다 돌아가셨어요. 은인이죠.

어렵게 구한 책을 통해 겨우 갈증을 채우셨던 거네요. 직접 일본 현지를 방문해 커피를 경험하고 배우신 건 더 나중의 일이었나요?

1992년에 동경식품전을 방문하면서 드디어 일본을 갔어요. 내가 책으로 보던 일본커피연구소의 가라사와 소장이 우리 일행을 반갑게 맞아주셨는데, 일본식 스타일링을 한 흰 머리에 특유의 으슬으슬한 미소가 기억에 남아요.
그런데 나는 그분을 당시 일본의 커피 1인자로 생각했는데, 뭔가 궁색하게도 보이는 거예요.

그분께 무슨 특별한 사연이 있었나요?

절약 정신 때문은 아니었어요 (웃음) 내 나름으로 깨달았던 건 이런 거였어요. 진정한 프로는 궁하다. 그래서 생각했죠.
'아, 커피 가지고 돈 벌기는 글렀구나.'

그건 지금도 똑같네요. 물론 돈을 버는 사람도 있겠지만, 커피만으로 하는 건 아니잖아요. 다른 쪽으로도 사업을 하고.

난 커피를 하겠다고 찾아오는 사람들에게 이야기하곤 해요. "커피 가지고 돈 버는 건 있을 수가 없는 일이다. 스스로 커피 사먹는 돈으로 운영하는 거라고 생각하셔라."

일본에서 그걸 깨달으신 건가요? (웃음)

물론 그것만은 아니죠. 그때 가라사와 소장님이 이런 말씀을 하셨어요.
"우리 일본에는 이런 반짝이는 눈이 없다. 자네들이 부럽다."
그때 일본은 커피가 완전히 바닥을 쳤을 때예요. 잃어버린 20년이라고 할 정도로. 일본의 경제가 부흥하면서 금융투자 쪽에 사람들이 많이 몰렸고, 커피 같은 건 거들떠보지도 않았죠. 그래서 가라사와 소장님은 한국에 커피에 대한 열정이 가득한 젊은이들이 있다는 것을 부러워하신 거죠. 그 부러움에 부응하도록, 더 소스라치도록 만들겠다고, 내가 잘 해내야겠다고 다짐했어요. 그러면서 한국에서 나 혼자 잘되는 게 중요한 것이 아니라 파이를 키워야 한다고 생각했죠. 커피를 즐기는 파이가 커져서 수요가 늘어나면 공급도 따라올 거고, 그러면 문화가 만들어지고 시장도 계속 돌아갈 거라고.

일본에 자극을 받은 한국의 커피 문화와 시장이 성장하는 동안 잠시 주춤했던 일본 쪽도 2000년대에 들어서 다시금 커피 시장이 재편되면서 보다 빠르게 성장했잖아요.

맞아요. 일본 입장에서는 이렇지 않았을까요. '어라, 우리는 그냥 마시던 커피인데 갑자기 우리를 성배처럼 대하네?' 그러면서 재구성하고 각성하기 시작한 게 아닐까 해요. 그러다 2000년대 초반에는 기존의 양적 물적 기반을 바탕으로 급성장을 한 거죠. 그 속도를 한국이 따라가기가 어려울 정도였어요. 우리는 순발력은 좋은데, 다들 미생이었죠.

그런 일본의 토대와 저력은 부러운 점이네요.

그렇죠. 커피 농장만 해도 커피를 가장 많이 생산하는 브라질 같은 곳은 이미 일본인들이 기반을 다져 왔기 때문에 '우리는 브라질을 가본 사람도 없지만 직원도 농장도 모든 것이 갖춰져 있으니까 쭉쭉 맞추기만 하면 돼'라는 농담을 할 정도예요. 그러니까 성장이 얼마나 빠르겠어요. 부러웠죠.

말씀을 듣다보니 선배님께서 걸어오신 길의 궤적에 대해 조금 이해할 수 있을 것 같아요. 선배님이 해오신 많은 도전들에 대해서요. 카페의 공공성에 대해서도 아주 일찍부터 생각하셨잖아요. 제가 요즘 고민하고 있는 지점과도 닿아있는 이야기가 아닐까 싶은데요. 예를 들어 만약 카페에서 손님이 커피 한 잔을 시키고 6시간을 앉아있는다고 해서 바리스타가 손님을 내쫓을 수 있을까? 아니라고 생각해요. 왜냐하면 우리는 좋은 커피를 주는 사람이기도 하지만, 좋은 공간에서 시간을 보내고 느끼고 생각하는 경험을 주는 사람이니까. 그것이 카페의 공공성이라고 생각합니다. 그런데 이렇게 카페를 공공의 영역으로 생각하는 사람도 있지만 아주 사적인 공간이라고 생각하는 경우도 있거든요. 선배님은 카페의 공공성에 대해 일찍부터 생각하신 분이고, 또 카페를 찾은 손님과의 관계에 대해서도 고민을 하셨잖아요. 그래서 힘들기도 하셨을 것 같아요.

제 고3 때 은사님께서 해주신 두 가지 이야기가 있어요. 먼저 한 이야기는 이래요. 옛날 어느곳에 방앗간이 두 곳 있었어요. 한 곳은 탈곡을 하러 오는 사람이 있으면 일정 부분 대가를 받아요. 쌀 한 가마를 탈곡할 때마다 한 되를 받는 거지. 그런데 다른 곳은 그런 요구없이 그냥 탈곡을 해주는 거예요. 왜냐하면 옛날엔 가마니에 쌀을 담았는데 그게 왔다갔다 하다보면 자연스럽게 새는 쌀알이 있는 거야. 그래서 그걸 주워 모으는데, 공짜로 탈곡을 해주니까 찾아오는 이들이 많아지고 떨어진 쌀알의 양도 제법 됐던 거지. 이 이야기를 해주시면서 스승께서 말씀하시길 방앗간 같은 곳은 무조건 이웃이 왔다 갔다 하면서 자잘한 것이 흐르게 해야 한다. 그것만 잘 흘러도 살아남는다고 하셨어요. 카페도 그렇지 않을까. 시계가 멈추지 않고 계속 가는 것처럼, 사람들이 찾아주면서 흐르도록.

또 하나는 이런 얘기예요. 이건 아직도 나도 고민을 하는 부분이기도 한데. 옛날에

사막, 실크로드를 건너가는 장사꾼들이 낙타를 타잖아요. 비단도 싣고, 소금도
싣고 간단 말이에요. 날은 미치게 뜨겁고, 오아시스는 안 나오고, 배도 고프고 하는
와중에 함께 그 길을 가는 낙타가 얼마나 고맙겠어요. 그래서 잠시 쉴 때 텐트를
치면 낙타에게도 '얼마나 고생했니? 머리 좀 집어넣어봐라' 하면서 머리를 넣게
해주는 거죠. 그러면 낙타도 처음에는 '주인님, 감사합니다' 했겠죠.
그런데 그러다보니까 시원한 거지, 낙타도. 그래서 출발하자고 해도 늑장을
부리는 거야. 겨우 달래서 출발을 해요. 그런데 다음 쉬는 시간에 텐트를
치니까 낙타가 머리만 집어넣는 게 아니라 성큼성큼 텐트 안으로 들어와.
이제 시원하다는 걸 아니까. 주인을 밀어내면서 들어가는 거죠. 은사님께서
물어보셨어요. "어떻게 할래? 사막을 건너는 데에 제일 중요한 낙타인데
내쫓을래? 아니면 계속 호의를 베풀래?"
사실 이 질문의 정답이 뭔지는 아직도 모르겠어요. 살면서 은사님의 그 질문과
내가 어떤 답을 할 수 있을까 계속 생각하게 돼요. 고마움에 보답하는 것,
나를 위해서 끊어내는 것. 무엇이 맞을까. 다만 그것을 계속 고민했던 것이 나에게
자양분이 되었구나. 이 일을 하면서도 마주친 여러 상황들 속에서 내가 고민을
멈추지 않았기 때문에 계속 할 수 있었구나 싶죠.

선배님의 그런 소신과 사명감은 물론이고 자부심까지 드러난 공간이
'Camp by 커피명가'(캠프바이 커피명가, 대구 계산동)가 아닐까 해요.
1990년에 대구 경북대 근처에서 처음 '커피명가'를 시작하신 뒤로 지금은 여러
지점이 늘어났고 모두 좋은 공간이지만 캠프는 그 중에서도 특별한 곳이잖아요.
주변의 계동 성당, 국채보상운동을 했던 고택들, 이상화 시인의 고택 등이 있어서
문화적인 요소까지 고려한 매장이구나 느꼈어요.

대구의 역사를 생각하면 빠뜨릴 수 없는 것이 국채보상운동이고, 계산 성당은
대구 최고의 건축물이죠. 그 매장에 '캠프'라는 이름을 붙인 이유에는 포부가
담겨 있어요. 마치 선거 캠프처럼, 특별한 프로젝트를 위한 전략을 짜고 수행하는

근거지가 되는 곳이나 전초기지 같은 느낌을 주고 싶었어요. 특히 그 매장이 대구 매일신문 사옥 1층에 위치하고 있다는 것에 큰 의미를 두고 있어요. 대구 매일신문은 지역에서 유서가 깊은 언론사예요. 내가 이 지역에 기여할 수 있는 것이 있다면 거기서부터 할 수 있지 않을까 생각했어요.
세상을 바꾸는 여러 일들이 있겠지만 언론의 역할을 중요하게 생각해요. 그래서 대구의 언론인들에게 맑은 커피를 주고, 그들이 선구자가 되어 대구 시민들 눈을 뜨게 해주고 귀가 열리게 해줬으면 좋겠다는 바람을 담았죠.
그곳에서 가장 하고 싶었던 프로젝트가 '해피커피'였습니다. 아침 8시부터 천원대의 커피를 파는 걸 그 매장에서 제일 먼저 했죠. 커피에 대한 긍정적인 캠페인이 그곳에서부터 확산되길 바랐습니다.

선배님의 이야기를 들으면서 한결 같아서 놀라운 지점이 있는데요. 바로 '나만의 것', '내가 개척한 길'이라는 자아도취가 없으시다는 거예요. 대단한 일들을 정말 많이 하셨는데, 나서서 자랑하거나 드러내는 성향은 아니시잖아요. 매번 새로운 도전을 하고 그로 인한 영향력을 무수하게 나누시면서도요. '첫 번째 펭귄'이라고 하죠. 펭귄 무리들 중에서 가장 앞장 서서 절벽에서 뛰어내려 바다에 다이빙하는 펭귄처럼, 선배님도 그런 일들을 많이 하셨어요. 그 동력은 무엇이었나요?

나는 개척자 성향이 강한 사람이에요. 파일럿이 되어 새로운 항로를 개척하고, 가보지 않았던 길에 도전하는 걸 좋아해요. 그리고 그뿐만 아니라 내가 시작한 길을 따라오는 사람들이 같이 잘되었으면 하죠. 아주 예전부터 그랬어요.
요즘에는 '영향력'이라는 말들을 흔히 쓰지만, 1990년대에는 잘 쓰지 않던 말이었는데 그때도 난 영향력을 가진 사람이 되고 싶다고 생각했거든요.
왜냐면 나한테는 확신이 있었어요. 내가 좋은 파일럿으로서 길을 만들면, 모델을 보여주면, 사람들이 따라 올 거야. 그때 누군가가 내가 낸 길이라는 걸 알아주면 좋겠죠. 그런 욕심이 날 때도 있죠. 하지만 그게 중요한 게 아니에요.

제가 1991년에 로스팅 머신을 만들었어요. 왜 만들었냐, 만들지 않는 것보다
만드는 게 더 나으니까. 내가 처음 커피를 볶는다고 하니까 많은 사람들이
한국에서는 안 된다고 얘기하고 빈정거렸어요. 난 후지로얄 공장을 10번이나
갔었는데, 그냥 거기서 로스팅 기계를 사오면 쉬웠겠지만 그렇게 하고 싶지
않았어요. 왜냐면 그렇게 쉽게 일을 하는 장사꾼이 되고 싶지 않았으니까.
나는 확신이 있었어요. 스스로 커피를 볶아야 한다는 확신. 내가 볶고
마셔봤으니까. 우리나라의 커피 기계, 한국형 로스팅 머신이 필요하다.
만들어 놓아야 한다. 그래서 만든 거예요. 비용을 생각하면 기존의 10배,
100배가 더 들어가는 일이지만 내가 한번 만들면 파급력이 있잖아요.
따라하는 사람이 생기고, 해보려는 사람들이 생기니까. 그런 일들이 즐겁죠.
그런 과정에서 고민도 생기지만 고민하는 게 즐겁고, 해결하려고 하는 게 즐겁고,
그로 인해서 어떤 일들이 이어지는 것이 즐거워요.

**선배님이 개척하신 길에 국산 로스터기도 있지만, 커피 농장과의 직거래도 정말
어렵고 대단한 일이잖아요. 어떻게 보면 말이 안 되는 일이에요. 시간과 노력도
많이 들지만 수익이 나지 않잖아요. 오히려 마이너스가 무조건적이라고도 할 수
있고요. 저는 2017년 말에 브라질에 초청을 받은 적이 있었어요.
그래서 바이어들을 만났는데, 엄청 큰 회사들이 물어봐요.
"너 몇 컨테이너 써? 몇 킬로짜리 로스터 있어?" 이렇게 직접적으로 물어보길래
"6키로 짜리 쓰고 1년에 3톤이야."라고 했죠. 그러니까 분위기가 바뀌더라고요.
'그래, 그렇구나, 재미있게 놀다가.', '그 정도 규모인데 여기까지 오다니 참
열정적이구나, 멋있다.' 이런 식으로.**

맞아요. 스케일이 다른 게임이죠. 예를 들어 브라질이나 에티오피아 이런
데에서는 커피 콩 10컨테이너는 아무것도 아니에요. 그냥 먼지 같은 거예요.
1컨테이너가 평균 20톤 되는 양이거든요. 10컨테이너면 200톤인 거죠. 그 정도
양은 미국 업체들은 한두 달 안에도 팔아요. 거기에 비하면 한국 시장은 지금은

많이 커졌다고는 하지만 여전히 그 수준은 아니고 처음 직거래를 시작했을 때는 유통량이 정말 적었죠. 2001년에 마이애미 SCAA 페어에 초대를 받아 갔어요. 마이애미에 세계적인 부호들이 사는 조그마한 섬이 있는데, 거기 저택은 한 2천 억씩 한다더라고요. 그런 저택에서 하는 파티에 갔는데, 누가 1년에 몇 컨테이너 쓰냐고 묻는 거예요. 그때 난 1년에 1컨테이너도 안 되는 양을 썼어요. 그런데 체면이 있으니까 살짝 부풀려서 3컨테이너라고 대답했더니, 그 사람 눈빛이 '한 달에?' 이런 느낌인 거야.

그때의 고통스러웠던 마음이 생생해요. 그런데 거기서 멈추고 싶지 않았어요. 파이를 키우자. 그렇게 해서 자가소비를 늘려야겠다. 많은 사람들이 우려를 했거든요. 하지만 난 좋다, 해보자, 생각했어요. 맛이 진실이니까.

농장하고는 어떻게 소통을 하셨어요? 쉽지 않으셨을 것 같은데.

내 영업비밀로 승부를 했어요.

그게 뭐예요?

바로 눈빛! (웃음)

절대 빼앗길 수가 없는 영업비밀이네요 (웃음)

눈빛에 열정과 진심을 담는 거죠. 한국 시장은 아직 작다, 하지만 라이징하는 나라고 내가 당신들의 커피를 좋아한다. 그러니 그 존재감을 귀하게 지켜주겠다고 리스펙트 하면서 팬심을 보여주고 투자상도 설명하는 거죠.

한번 인연을 맺은 농장과 오랜 시간 그 관계를 이어가고 계시는 것도

존경스러워요. 탄탄한 신뢰로 파트너십을 구축하셨고, 얼마 전 캠프 20주년을 기념해 세계적인 농장주를 초대하는 행사를 열기도 하셨죠.

농장들과의 관계는, 이런 거예요. 정말 소중하게 농장을 일구고 열심히 일하는 사람들이 있어요. 그들은 바보가 아니에요. 하지만 만약 그들이 그저 이용만 하려는 사기꾼을 만난다면, 거기에 대적할 힘은 없잖아요. 그들을 존중하고 같이 가려는 게 아니라, 그냥 뽑아 먹으려 들 것이 불 보듯 뻔히 보이는 경우도 있어요. 그러면 난 가만히 있을 수가 없는 거예요. 내가 해야지.

요즘에는 커피 농장에서 농사를 짓는 것보다 더 좋은 일, 돈 쉽게 벌 수 있는 일들이 너무 많아요. 그런데 그들도 돈만 좇는 게 아니라 좋은 커피를 만들고 싶다는 사명을 가지고 하는 거거든요. 그들이 지켜가는 가치를 나도 지켜줘야 하는 게 당연하죠. 기후 변화로 인한 커피 농장의 위기를 걱정들 많이 하지만 사실 사람의 욕심이 훨씬 더 황폐하게 만들 거든요. 사람의 욕심에 의해서 품종이 개량되고, 저마다 가진 본연의 개성을 잃어버리기도 하고. 커피의 정체성이 없어지는 시대가 오기도 했어요.

저도 느껴요. 예를 들어 게이샤 품종이 유행하니까 로스터들이 농장주에게 전부 게이샤를 요구하고, 그럼 다들 게이샤를 심는 거예요.
게이샤는 워낙 생산량이 적어서 농부들은 그것만으로는 돈이 안 되지만 그래도 해달라고 하니까 해주고. 그런데 그게 정말 농부들에게 도움이 되는 걸까요? 소비자들은 어떨까요?
특정한 품종의 유행, 혹은 무산소나 오리진, 인공가향이나 천연가향 같은 논쟁들이 정말 필요한지. 그냥 보통의 사람이 커피를 마시는 데에는 아무런 영향이 없잖아요. 오히려 커피를 좋아하는 사람들에게 혼돈을 줄 수도 있다는 생각도 들고요.
선배님은 농장을 단순한 거래 관계가 아니라 아니라 함께하는 파트너로

존중하시는 게 느껴져요. 그런 점이 지속가능한 커피 산업에 대한 고민으로까지 나아가게 되신 것 같고요.

나도 처음에는 나하고 농장주하고 잘 지내면 되는구나 이렇게만 생각했어요. 그런데 시간이 지날 수록 농장주보다 귀한 사람이 농부더라고요. 이 농부들이 일을 안 해주면 누가 할까, 전부 수작업인데. 그래서 이 농부들을 지켜야 되겠구나 생각했어요. 그러려면 뭘 해야 하지? 어떻게 농부들을 지키지? 고민하면서 살펴보니까 그런 게 있더라고요. 고된 일을 하면 우리가 '내 자식한테는 절대 안 시킨다' 이런 생각을 하잖아요. 거기도 그런 게 있더라고요. 그래서 아이들에게 꿈을 심어줘야 지속가능하겠다는 생각이 들었죠. 내가 아이들에게 달러를 퍼주진 못하지만 (웃음) 그래도 꿈을 보여주겠다. 그래서 농장에 놀이터하고 학교를 만들어 주겠다고 결심했죠. '행복한 커피'라는 캠페인으로요.

나는 삶에 행복이 꼭 필요하다고 생각해요. 그 행복의 조건은 바로 배려죠. 나한테 어느 날 복권이 당첨되는 특별한 행운보다도 일상적인 행복들. 예를 들면 운전을 하는데 내가 끼어들기를 잘 못하더라도 누군가 빵빵 거리는 게 아니라 기분 좋게 싹 끼워준다든지, 엘리베이터를 타러 가는데 나를 잠시 기다려 주는 사람이 있다든지. 그러면 그날 복권 당첨된 것보다 더 기분이 좋거든요. 나는 그런 사회를 살고 싶어요. 근데 그렇게 하려면 사람들이 좀 여유가 있고 배려심이 있어야 되잖아요. 그래서 긍정적인 캠페인을 해야 되겠다고 생각을 한 거죠. 그 캠페인이 또 좋은 결과를 가져오고요. 아침에 기분 좋게 커피를 천 원에 사가면 얼마나 기분 좋겠어요. 그러면 그 좋은 기분으로 다른 이들을 기분 좋게 하는 행동을 할 수 있는 거죠. 커피 한 잔을 통해 행복이 도미노처럼 퍼져가는 게 커피의 지속가능성이라고도 할 수 있지 않을까요.

결국은 다 하나로 수렴되는 거네요. 좋은 커피로 시작되는 행복. 만드는 사람도, 마시는 사람도요.

누군가 커피를 해보겠다고 하면 저는 꼭 물어봐요. 당신은 커피를 해서 행복할 수 있겠는가, 하고요. 그런데 이야기를 나누다 보면 자신의 행복이 무엇인지조차 모르는 사람들이 많아요. 그런 사람이 어떻게 누군가에게 행복을 줄 수 있을까요.

제가 농장의 아이들에게 꿈을 보여준다고 했잖아요. 제가 그 아이들에게 세계 각국의 커피 농사 짓는 영상을 보여줘요. 아프리카에서는 이렇게 하고, 아시아에서는 이렇게 한다고. 그리고 또 어떤 커피들이 만들어지는지도 알려주죠. 그러면 되게 좋아해요. 자신이 하는 일에 대한 자긍심을 갖고요.

나는 커피를 사는 사람이고 소모하는 사람이죠. 하지만 나는 뭐든지 소모하기만 하는 건 올바르지 않다고 생각해요. 내가 원두를 사고 값을 치르면 그것으로 끝났다고 생각하는 사람들도 있겠지만 나는 계산법이 달라요. 나는 원두를 샀지만 커피 문화에 대한 사용료는 내지 않았다고 생각해요. 나는 그걸 내야 한다고 생각해요. 커피 덕분에 내가 이만큼 컸으니까, 갚아야 하는 거죠. 그래서 나는 아이들을 교육하면서 커피한테 갚는 거예요.

커피 문화를 소비만 하는 게 아니라 또 새롭게 생산하기도 하시는 거네요.

맞아요. 또 이런 것도 있겠죠. 커피 도구를 만들거나, 책을 쓰거나, 그렇게 뭔가를 커피 문화에 남겨주는 거예요. 내 후대의 사람들이 그걸 활용하면 더 기분이 좋고 유효할 것들을 남겨주고 가야한다는 생각이 있어요.

커피를 하는 사람들 중에 로스팅을 하고, 손님에게 커피를 내어주는 게 행복하지 않아보이는 사람들도 있잖아요. 스스로가 행복하지 않으니까 아무리 주변에서 응원을 하고 커피가 너무 맛있다고 좋다고 얘기를 해줘도 본인에게는 의미가 없다고 하고요. 커피가 재미있어서 시작했던 동료들, 선후배들이 "내가 커피를 왜 하는지 이제 모르겠어" 이런 말을 하는 걸 볼 때면 너무 속상해요.

선배님은 이런 순간들을 저보다 훨씬 더 많이 겪으셨겠죠.

커피하는 사람은 꽃처럼 살아야 돼요. 꽃처럼 살면 돼. 커피를 팔려고 하지 말고, 커피를 줘야 해요. 순환이 되게 해야해요. 아까 방앗간 얘기를 했잖아요. 커피를 파는 사람들은 돈이 안 되면 지쳐요. 사람들이 찾아오고 인사하고 들렀다가고 모이는 방앗간을 만들면 자연스럽게 떨어지고 흐르는 것들을 주울 수 있죠. 대단한 테크니션이 되거나 어떤 경지에 오르거나 할 필요도 없어요. 그저 최소한으로 가져야 하는 마인드는 단순해요. 커피로 나를 행복하게 하고 다른 사람들을 행복하게 하겠다는 거. 이거 하나면 된다고 생각해요.

"한 개의 카페를 만 개의 카페처럼 하겠다"는 말씀을 하셨잖아요.
오늘 선배님과 이야기를 나누면서 그 의미에 대해 깨닫는 시간이었습니다.
앞으로 더 이루고 싶은 일들이 있으세요?

많은 사람들이 내가 피를 흘렸다고 생각하기도 해요. 고생을 하고, 손해도 봤다는 거겠죠. 하지만 나는 생각이 달라요. 난 너무 많은 것을 얻었다, 어쩌면 내 능력이 안 되면서도 너무 많이 얻었다고요. 내 인생의 목표와 기준은 남과 비교하거나 개량하는 것이 아니에요. 그저 내가 선택한 것으로 예쁘게 사는 거. 그리고 가까운 사람들 기분 좋게 해주는 거. 내가 어떤 결정을 하는 순간에 내 머릿속에 지나가는 사람이 적게는 1명, 많게는 100명이 되거든요. 나는 그 사람들을 믿고 결정을 해요.

예를 들어서 여기에 어떤 좋은 커피가 있어요. 내가 그 커피를 살까 말까 결정을 한다고 하면 그 순간 내가 아는 커피를 좋아하는 사람, 소비자이실 수도 있고 동료일 수도 있는 내 주변의 누군가가 그 커피를 먹고 얼굴이 확 피는 장면이 떠오르는 거죠. 그러면 돈이라든지 이런 건 부차적인 문제가 되죠. 이 커피가 있으면 그 사람이 너무 즐겁고 행복할 것 같다는 생각이 들면 난 저질러요. 그리고 그 뒤로는 해결책을 고민해서 실행하면 되죠.

이제 내 나이가 환갑이거든요. 남은 내 인생의 목표가 뭐냐하면 아름다운 노인이 되는 거예요. 많은 사람들이 나에 대해 저마다의 판단을 할 거예요.
내가 어떻게 살았고, 어떤 생각을 해왔는지. 나를 히피라고 생각하는 사람,
경쟁자라고 생각하는 사람, 존중하는 사람, 싫어하는 사람도 있겠죠.
그건 그 사람들의 몫이고 나는 이제 내 몸을 커피 일에서는 빼내고 싶어요.
일을 떠나서 커피 애호가, 자연스러운 커피하는 사람으로 남고 싶어요.
한 마디로 편안하고 싶은 거죠. 지금까지는 직원들과 일이기 때문에 싸우기도
하고 힘든 얘기도 했지만 이젠 그러고 싶지 않아요.
그냥 저 사람 멋있게 커피하네, 그러면서 그 멋스러움을 가진 커피하는
사람으로서 좋은 영향력을 주고 싶어요. 커피하는 사람이 똑똑하네, 커피하는
사람이 사회를 생각하네, 커피하는 사람들이 다른 사람들에게 인자하네.
그런 소리를 듣고 싶어요.

커피를 하는 귀한 사람. 그러면 제일 좋겠네요. 돈을 잘 벌고 편하게 일하는 사람이
아니라 귀하게 커피하는 귀한 사람. 그런 귀한 주인이 하는 커피집에서는 손님도
더 귀하게 대접받고 귀한 순간을 영위하겠죠. 가끔 어떤 커피집은 자판기처럼,
아니 기계보다 못하게 보일 때도 있어요. 그러면 안 되죠.
사람이 하는 일에 가장 필요한 건 서로를 귀하게 대하는 태도잖아요.

맞는 말씀입니다. 선배님께서 저에게 귀한 시간 길게 내어 주셨는데, 선배님의
여정을 모두 돌아보기엔 부족할 수밖에 없었네요. 또 이야기 나눌 수 있겠죠?

물론이죠. 우리 커피인들, 난 우리가 멋져 보이고 존중 받고 사랑 받아야 한다고
생각하거든요. 그걸 위해서 내 이야기가 필요하다면, 날아갈게요.
그게 또한 내 일이니까.

My Way,
My Coffee
나의 길,
나의 커피

커피인
안명규 이야기

초판 1쇄 발행 2024년 10월 30일
지은이 안명규
편집 조우리
사진 신병곤 외
디자인 디오브젝트

펴낸곳 노사이드랩
주소 서울시 성동구 서울숲2길 12-8, 3층
홈페이지 www.nosidestudio.com
이메일 hello@nosidestudio.com
출판 등록 2019년 4월 29일 (제2020-000022호)

ISBN 979-11-966994-7-5

* 이 책은 저작권법에 따라 보호를 받는 저작물이므로 무단전재와 무단복제를 금합니다.